水谷豊論

テレビドラマ史の相棒

太田省一

青土社

水谷豊論　目次

水谷豊論　テレビドラマ史の相棒

はじめに

一四歳で出会った『傷だらけの天使』

「一四歳で好きになった音楽が、その後の音楽的嗜好を決める」という説があるらしい。自分の経験に照らし合わせてみても、確かにこの説には説得力がある。その頃に熱中した音楽やアーティストに、結局いつの間にか戻ってくるというのが偽らざる実感だ。

同じことが、果たしてドラマや俳優にも当てはまるのかどうかはわからない。しかし、私に限っては、それもまた真実だった。

一九六〇年一一月生まれの私にとって、一四歳と言えば、一九七四年の後半から一九七五年にかけてのあたり。まさにそのタイミングで出会ったのが、一九七四年一〇月五日に始まり、翌一九七五年三月二九日まで全二六回にわたって放送された『傷だらけの天使』（日本テレビ系）というドラマだった。中学生が見るには〝エッチなシーン〟も多かった（その理由については、この後述べる）が、私はこのドラマにたちまち魅せられた。

当時もかなり話題を呼び、後に伝説化もしたこの作品についてはあまり説明の必要もないかもしれないが、改めて簡単に振り返っておこう。

主演は、ショーケンこと萩原健一。グループサウンズのザ・テンプターズのボーカルとして大人気だったショーケンは、その後俳優に転身。この『傷だらけの天使』の直前に刑事ドラマ『太陽にほえろ！』（日本テレビ系）でマカロニこと新人刑事・早見淳役を演じ、特に殉職シーンで鮮烈なインパクトを残して圧倒的な人気を誇るようになっていた。

『傷だらけの天使』で彼が演じる木暮修は、岸田今日子演じる綾部貴子が社長を務める探偵事務所「綾部情報社」で働く調査員。と言っても、その働きぶりは真面目とはほど遠く、むしろ自由気まま。ギャンブル好きで、女性にからっきし弱い。しかし、実は人情もろく、いざという時には自分のことを度外視してでも、困っている人間を命がけで助けようとする。

とにかく、ショーケンはいちいち格好良かった。当時はまだあまり一般には知られていないブランドだったＢＩＧＩ（ビギ）のスーツ姿も颯爽《さっそう》としていた。一方で褌《ふんどし》を身に着けていたりしたが、それがまたコミカルななかにも、なぜかスタイリッシュに見えた。一言で言えば、格別なオーラがあった。

有名なオープニングシーンには、そんなショーケンの格好良さがギュッと詰まっていた。井上堯之《たかゆき》バンドによる印象的なテーマ音楽をバックにした木暮修の朝の目覚め、そして朝食シーンだ。

ゴーグルとヘッドホンをつけ、革ジャンを肩に羽織った白いシャツ姿で寝ていた修が目を覚まし、おもむろに朝食をとり始める。新聞を無造作にシャツの胸元に押し込んでナプキン代わりにし、トマトは切らずに丸齧り、クラッカーを頬張る。またコンビーフの缶を開けてそのまま上からガブリといったかと思えば、魚肉ソーセージを包装のビニールごと齧りつく。そして牛乳の瓶のフタは、手を使わずに口で器用に開ける、といった具合。

このワイルドな朝食シーンに憧れ、真似をしたことがあるという人間は、当時リアルタイムで見た世代にはたくさんいるはずだ。もちろん私もそのひとりだった。

水谷豊のどこに魅せられたのか

しかし、このドラマで私が強く惹きつけられたのは、主演の萩原健一ではなく、むしろその弟分を演じた俳優のほうだった。それが、水谷豊であった。

なぜ、惹きつけられたのか？

まずはやはり、ビジュアルの魅力があった。

このドラマで水谷豊が演じたのは、乾亨《いぬいあきら》という二二歳の青年。木暮修を兄と慕い、綾部情報社の調査員としてともに働いている。いわば、修の子分、アシスタントである。見た目はチンピラ風。修が長髪でスーツも洒脱に着こなすのに対し、亨は髪を撫でつけたリーゼントヘアー、革ジャンかスカジャン、そして細身のパンツという出で立ち。どこまで当時の流行だったのかはわからないが、地方に住む中学生には、それがとてつもなくおしゃれに見えた。そしてなによりも、そうした不良ファッションが似合うシャープな風貌の水谷豊に目を奪われた。

むろん、その演技が醸し出す雰囲気にも魅了された。とはいえ、亨という役柄は、颯爽としているわけではない。むしろ逆だ。いつも修に甘え、どこかひ弱で自信なさげ。だが純粋で一途であることにかけては、誰にも負けない。どんなひどい目に遭おうとも、どこまでも修を信じ、ついていこうとする。

そんな亨のキャラクターを端的に表していたのが、独特の鼻にかかったような声で、彼が修に向けて発する「アニキ〜」という呼びかけのセリフだった。別に格好いいわけでもなんでもなく、むしろ頼りない感じ。しかし、そこにはある種のユーモア、そしてにじみ出る哀愁があった。だいぶ後になって、水谷豊が小さい頃チャップリンが大好きだったということを知り、だからか、となんとなく合点がいったりもした。

加えて、当時一四歳の私にはそこまではっきり言葉にはできていなかったが、いま思えば亨という人物にはそこはかとない、だが強烈な悲劇の匂いがあった。それは、亨という人物をより深いところで魅力的に見せた。

初回の冒頭シーンは、すでにそれを予感させるものだ。

修と亨は、東京の古びた雑居ビルの屋上にあるペントハウスで暮らしている。その屋上のシーンから、『傷だらけの天使』の物語は幕を開ける。

屋上に置かれたドラム缶風呂から上がった修。すると、亨が、「修、お前の死にざま見てやるぜ」と物陰から銃で修を撃つ。のたうち回り、倒れたごみ箱のゴミにまみれ、息絶える修……。

もちろん銃はオモチャで、これは芝居である。「しまんねーな。もっと格好良く死ねないのかよ、アニキよ〜」と茶化す亨に対し、「生きるか死ぬかの瀬戸際に、格好なんかつけてられねーよ、バカッ！」と気色ばむ修。このやり取りが、先述した『太陽にほえろ！』でのマカロニの殉職シーンを踏まえたものなのは明らかだ。マカロニは、犯人との華々しい銃撃戦などによってではなく、立小便しているところを通り魔に刺されてあっけなく、そして無様に死ぬからだ。

すると亨は、「いや、オレは違うなー。死ぬ時ぐらい、ぐっと優雅に行きてえよ」と言い、いきなり「生きるか死ぬか、それが問題だ」とシェークスピア『ハムレット』のセリフを朗々と語り出し、ナイフを手に持ってのひとり芝居を始める。自分に酔ったようにセリフをしゃべり続ける亨。修が足元に転がしたボールに気づかず、足をすべらせて格好悪く派手に転ぶ。「だから言っただろ、お前が優雅ってツラか」とさっきのお返しをする修。

なぜ冒頭に、本筋とは無関係なこのようなシーンがわざわざ描かれたのか、ここだけ見てもよくわからない。単なる軽いお遊びともとれる。

しかし、最終回まで見たとき、このシーンは違うトーンを帯びた、忘れがたいものになる。「優雅に死にたい」と言っていた亨は、最後、風邪をこじらせてあっけなく死んでしまう。そして亨の死体は、風呂にしていたドラム缶のなかに入れられ、修によってリヤカーで運ばれて夢の島のゴミのなかに置き去りにされてしまうのだ。

それはまるで、初回冒頭での修の〝死にざま〟を模倣したかのような、皮肉なラストだ。だが、その報われない人生を物語るかのような無様な、しかしどこか美しくもある死によって、水谷豊演じる亨という存在は、まさに「傷だらけの天使」としてずっと私の記憶に刻まれることになったのだった。

〝二つの私〟をつなぐために――『相棒』というドラマの独特な魅力

さて、それから時は移る。その後年齢を重ねた私は大学で社会学を専攻し、テレビを自分の研究対象とするようになった。もう少し正確に言えば、テレビと戦後日本社会の関係について関心を抱くようになった。その問題へのアプローチの仕方は人によってさまざまだろうが、私の場合は、番組や出演者の変遷に沿った歴史的なアプローチを通じてそこに迫ろうと考えた。

ただし当初、あまりドラマを対象にはしていなかった。もちろん、ドラマを見ていなかったわけではない。むしろ、相も変わらずよく見ていた。それでも研究対象としては別のジャンルの番組を対象とすることが多かった。だがそのうち、ドラマについて考え、文章を書かせてもらう機会も少しずつ増えた。私はやがて、自分なりの視座でテレビドラマ論に取り組んでみたいと思うようになった。

そんなとき私の頭に浮かんだのが、『相棒』というドラマだった。水谷豊主演の、あの『相棒』である。

水谷豊のドラマは、ファンとして一四歳以後もずっと見てきた。だから『相棒』も、最初から欠かさず見ていた。ただ、水谷豊が出演しているというだけにとどまらず、『相棒』という作品には独特の魅力があった。元々刑事ドラマは好きだったが、『相棒』にはその枠には収まりきらないなにかがあった。そして私には、そのなにかが、テレビと戦後日本社会の関係を考えるうえで大切なものにつながっているように思えた。

また、そうした『相棒』の持つ固有の作品性は、結局水谷豊が演じる「杉下右京」というキャラクターに凝縮されているのではないかとも思うようになった。杉下右京は、従来の刑事ドラマによく登場するスーパーヒーロー的側面を持ち合わせながらも、この後述べるように、「正義をいかに実現するか」という問題を通じて苦悩し、現状の社会と激しく衝突する人物でもある。

その正直すぎる生き様に、私はあの乾亨と通底するものをどこかで感じ取っていたのだろう。

こうして、思わぬかたちで〝一四歳の私〟と〝テレビドラマ研究者としての私〟が出会うことになった。一四歳の出会いがその後を決めるという例の説が奇しくも証明されたとも言えるが、その真偽はさておき、自らが考える歴史的アプローチに基づき、〝二つの私〟のあいだをつなぐため、私は俳優・水谷豊の長年にわたる足跡をたどり直すことに決めた。

水谷豊という俳優の稀有さ

その足跡をたどるプロセスのなかで気づいたこと、それは、水谷豊という俳優が、実に多彩なタイプのテレビドラマに出演してきた稀有な存在であるということだった。

水谷豊のドラマデビューは、『傷だらけの天使』よりだいぶ以前の子役時代にさかのぼる。ドラマ初主演を果たしたのも、その頃だった。手塚治虫の漫画が原作の特撮ドラマ『バンパイヤ』（フジテレビ系、一九六八年放送開始）である。

一九七〇年代になると、学園ドラマが主な活躍の舞台になった。最初は生徒の役、特に不良役で異彩を放った。学園ドラマではないが、『傷だらけの天使』の亨役は、ここでの不良役の延長線上にある。そして学園ドラマでは、一九七〇年代後半、小学校の教師役を演じた『熱中時代』（日本テレビ系、一九七八年放送開始）が社会現象的なブームを巻き起こす大ヒット。一躍時代を代表するスターになった。

また一九八〇年代後半以降は、二時間ドラマの主役として数多くの作品に出演した。そこでは、『浅見光彦ミステリー』シリーズなど、多くのミステリーもののシリーズに主演し、その隆盛期を支えた。

特撮ドラマ、学園ドラマ、そして二時間ドラマ。これらはいずれも、その時々のドラマの人気ジャンルである。ほかにホームドラマへの出演もあった。そうしたすべてに主演した俳優は、まれだろう。その数少ないひとりが、水谷豊だったことになる。

しかも、水谷豊の俳優としての足跡は、それだけにとどまっていない。それ以外にも、たとえば、山田太一脚本による『男たちの旅路』（NHK、一九七六年放送開始）のような作家性の強い、骨太の人間ドラマで名優・鶴田浩二と渡り合ったこともあった。その一方で、独特の熱量の高さで有名な大映テレビ制作による「赤いシリーズ」の一作『赤い激流』（TBSテレビ系、一九七七年放送）で運命に翻弄される主人公を演じたこともあった。

そしてもうひとつ、水谷豊のこれまでの俳優生活において忘れてはならないのが、刑事ドラマへの出演である。

一九七〇年代半ばから刑事役で出演するようになった水谷豊は、『熱中時代 刑事編』（日本テレビ系、一九七九年放送）で主演して以降、たびたび多くの刑事ものや探偵ものに出演するようになった。それは、二時間ドラマの出演にもつながっていく大切な道筋でもあった。

水谷豊は、「日本テレビドラマ史の相棒」である

そうして二〇〇〇年、まもなく二一世紀を迎えようとするタイミングで出会ったのが、当初二時間ドラマ枠から始まり、水谷豊のキャリアの集大成ともなった刑事ドラマ『相棒』（テレビ朝日系）だった。

その『相棒』というドラマを支えている中心が、いうまでもなく水谷豊演じる主人公の杉下右京だ。

頭脳明晰で博覧強記。東大法学部を首席で卒業したキャリア警察官で、人並外れた鋭い推理力を持つ。銀縁眼鏡にオールバックで、いつも英国スタイルのスーツ姿。チェスや落語を愛好し、無類の紅茶好き。いつも冷静沈着で無表情、皮肉屋の一面もある。どこをとっても、その佇まいは、『傷だらけの天使』の亨とは似ても似つかない。シャーロック・ホームズや刑事コロンボ、あるいは金田一耕助などを思い出すまでもなく、刑事ドラマや推理ドラマの連綿たる歴史が生み出してきた変人にして名刑事、名探偵の系譜に連なるひとりである。

ただしこのドラマは、先ほども述べたように、刑事ドラマでありながら、通常の刑事ドラマの枠には収まらない。シリアスなものからコミカルなものまで、あるいは壮大なスケールのものからホッと心温まるようなものまで、多種多様な作風の回を織り交ぜることによって、あら

ゆるドラマのエッセンスを貪欲に取り込んだ作品だ。その一方で、エンタメとしての面白さだけでなく、事件の背後にある社会問題や権力の欺瞞にまで深く踏み込んでいくところも、同じく通常の刑事ドラマの枠には収まらない。ジャンルとしては刑事ドラマに分類されるが、本質的には日本のテレビドラマ史における新たな一歩を記した挑戦的な作品である。

したがって『相棒』を見ていれば、杉下右京もまた、単なる優秀な刑事というだけではないことがわかる。

右京は、それがたとえ警察の上層部や大物政治家のものであったとしても、理不尽な命令には絶対に屈服しない。そして自らの考える正義に著しく背く他人の振る舞いや言葉に対しては、相手の社会的地位のあるなしにかかわらず、激しい怒りを表す。しかしそれゆえに、組織や社会の壁に阻まれて思い通りにはいかず、苦汁をなめることも少なくない。

誰よりも純粋に自らの思いを貫き通そうとする青臭さがある点、そしてその真っ直ぐさゆえに必ずしも報われないという点において、乾亨と杉下右京は、先ほども述べたように、正反対のように見えて、実は根底のところで通じ合ってもいる。その意味では、杉下右京は、長年に及ぶ水谷豊の俳優歴のなかでたまたま出会った役ではなく、その必然的な到達点であるに違いない。

こうして日本のテレビドラマと俳優・水谷豊とは、長年にわたって互いに寄り添いながら歩みを進めることで、各々が成熟を遂げてきた。そんな両者の関係性は、まさしく〝相棒〟と呼ぶにふさわしい。「日本テレビドラマ史の相棒」、それが水谷豊なのである。

では、俳優・水谷豊は、どのような紆余曲折を経て、最終的に『相棒』という作品と出会うに至ったのか？　そして水谷豊が演じてきたその時々の役柄のなかに、私たちはどんな時代の息遣いを感じ取ることができるのか？　これから七つの章に分けて、掘り下げていきたい。

第1章

子役と不良

水谷豊、テレビドラマと出会う

テレビという箱のなかに入りたい――子役・水谷豊の誕生

水谷豊。本名も同じ。一九五二年七月一四日北海道空知郡芦別町《あしべつ》（現・芦別市）に生まれる。芦別は北海道の中央やや西側に位置し、夕張山地が広がる山岳・森林地帯のなかにある。かつては炭鉱の町として栄えた。

一方、日本でテレビの本放送が始まったのは一九五三年二月、つまり水谷豊が生まれた半年余り後のことになる。したがって、彼が物心ついたときにはすでにテレビは世の中にあった。しかも、一九五九年の皇太子ご成婚や一九六四年の東京オリンピック開催などの国家的イベントも重なり、ちょうど爆発的普及期を迎えていた。その頃小学生になっていた水谷豊は、いわば「テレビネイティブ」、当時心理学者・波多野完治が使って流行語になった表現を使えば「テレビっ子」の第一世代ということになる。

当然水谷豊も、周囲の同年代の子どもたちと同じくテレビに夢中になった。

なかでも憧れたのは、大相撲の力士・大鵬《たいほう》だった（テレビ朝日『徹子の部屋』二〇一四年四月一日放送）。大鵬は三二回の優勝を誇る戦後の名横綱であり、高度経済成長期の日本を象徴するヒーローである。子どもたち、ひいては日本人の三大好物を表すフレーズとして「巨人・大鵬・卵焼き」が流行した事実を見ても、その当時の大鵬の人気ぶりがうかがえる。

少年時代の水谷豊の傾倒ぶりも、かなりのものだった。大鵬の土俵入りを真似し、スポーツ好きだったこともあって自分もお相撲さんになりたいと考えたほどだったという（同番組）。大鵬が北海道出身ということもあったのかもしれない。いまも『相棒』でキレの良いアクションや格闘シーンを披露する俳優・水谷豊の原点ここにあり、と思わせるエピソードである。

だが水谷少年は、一方でテレビに対して少々違う観点からの興味も抱いていた。

彼は、幼いながらに「どうしてこんな小さな箱の中に映像が映し出されるんだろう」と不思議に感じた。そしてその疑問は、漠然としたものではあったがテレビ番組をつくる側への興味となり、「よし、いつか俺もこの箱の中に入ってやろう！」という思いを募らせるようになっていく（テレビ朝日『SmaSTATION!!』二〇〇八年四月二六日放送）。

その間に、水谷家は彼が七歳のときに北海道を離れ、東京の立川市に引っ越していた。そして一二歳のとき、大きな人生の転機となるような出来事が起こる。

引っ越した先の近所に水谷少年のことをとても可愛がってくれていた「加山さん」という女性がいた。その加山さんが、テレビという箱の中に入りたいという水谷少年の願いを叶えてやろうと思ったのだろう、彼に児童劇団「劇団ひまわり」のパンフレットをくれたのである。それが、水谷豊が演技の道に入っていくきっかけだった。そして劇団に入った彼は一三歳でデビューし、舞台などに出演するようになる。そのころ「雲」という劇団の舞台で、山崎努、岸田今日子、橋爪功と共演したこともあったという（『WEDGE Infinity』二〇一五年六月一五日付記事）。

子役からスタートして有名俳優になったケースは少なくない。戦前、戦後と映画を中心に活躍したスターである高峰秀子などは、よく知られているだろう。近年では、高橋一生なども児童劇団の子役をしていた。ほかにも挙げればきりがないほど、たくさんいるだろう。その意味では、水谷豊の経歴はそれほど珍しいものではない。

しかし、この後述べるように、子役時代から二〇歳前後にかけて彼が出演した作品は、その当時のテレビドラマにおける新たな潮流を示すようなものだった。そしてそのような時代と密接な作品との出会いは、現在の『相棒』に至るまで途切れることなく続いている。つまり、水谷豊は、それぞれの年代においてテレビドラマの最前線を行くような代表作を持つ稀有な俳優なのである。その〝運の良さ〟（と一言で片づけてはいけないが）には、ちょっと驚くべきものがある。

とはいえ、水谷豊の俳優人生は順風満帆であったわけではない。むしろ逆で、彼は自分が俳優を続けるかどうか深く悩み続けた。そしてこれもこの後でふれるが、実際に演技の世界から離れていた時期もあった。そのこともまた、俳優・水谷豊を根本的に理解するうえで見逃してはならない点である。

そして興味深いことに、実人生における水谷少年の悩みは、作品のなかで演じる役柄とも共鳴していった。要するに水谷豊は、出演作品と実人生で同時に〝思春期〟を生きたのである。そのようにフィクションと現実がぴったり合致する様は、あまり類を見ないもののように思える。

では、子役となった水谷少年はそれからどのような作品に出演し、それと同時にどのような悩みを抱いていたのか？　この章ではその軌跡を詳しく追ってみたい。

初主演作となった『バンパイヤ』

水谷少年の夢は、お相撲さんになること以外に、実はもうひとつあった。それは、漫画家になることである。彼は、絵を描くことが好きだった（前掲『徹子の部屋』）。

その夢は、一四歳のとき初出演作のなかで、そのままとはいかなかったが、ある意味において叶えられることになる。

漫画家・手塚治虫の作品である『バンパイヤ』の実写化（フジテレビ系、一九六八年放送開始）にあたり開催されたオーディションで、水谷豊は八〇〇人のなかから主役に選ばれた。彼が演じる主人公の少年は、上京して憧れのマンガ映画のプロダクションで働くという設定だった。

漫画家に憧れた水谷少年は、奇しくも初の主演作において漫画の世界とかかわりのある役柄を演じることになった。撮影には本物のマンガ映画の制作現場が使われており、しかも手塚治虫が本人役（ちゃんとしたセリフもある）で出演している。

ただし『バンパイヤ』は、マンガ映画、すなわちアニメーション制作の世界を描いたものではない。いわゆる狼男の話である。

水谷豊が演じる少年・立花特平、通称トッペイは、満月の光を浴びて興奮すると狼に変身する特殊な能力を持ったバンパイヤである。上京した彼は、その事実を隠しながら生きていこうとする。

そこに登場するのが、間久部緑郎《まくべろくろう》（佐藤博）、通称ロックである。ロックは自らの野心のためならどんな悪事に手を染めることも厭《いと》わない冷徹な青年だ。表向きは好青年を装いながら、狡猾な策謀を次々とめぐらせ実行していく。そしてトッペイらバンパイヤ一族の存在を知った彼は、バンパイヤを手先として操って世界を征服しようと企むようになる。

そんな悪の天才・ロックとトッペイの対決が、少年漫画らしくこの作品の基本的構図だ。ただ、「間久部緑郎」という名がシェークスピアのマクベスを意識したものであるように、そこには単純な勧善懲悪の図式に収まりきらないものが多分に含まれている。『鉄腕アトム』などもそうだったが、手塚作品には子ども向けの作品でありながら、人間や社会というものの本質を問う普遍的テーマが隠れている場合が少なくない。

悪を悪とも思わないロック。それは、別の角度から見れば現世的な善悪の区別を超えた存在という一面を持つ。法律や道徳といった社会が決めた既存の善悪の基準にとらわれることなく、自らの欲望をただひたすらに実現しようとする存在、それがロックである。

そこに、ロックとトッペイが対立しながらも通じ合う部分がある。

トッペイは、出会って間もなくロックに危ういところ命を救われる。一族の掟では、一度受けた恩はどのようなかたちであっても返さなければならない。だから犯罪と知りつつもロックの言うことを聞いてしまう。だがそれだけではない。一方でトッペイは、「狼になると体があいつに従え、と命令する」のだ、とも語る。するとその言葉を聞いた弟のチッペイ（山本善朗）は、ロックもバンパイヤなのではないかと問う。しかしトッペイは否定して、「あいつ（ロック）こそが人間なんだ」と返す（第三話）。

ロックは人間なのかバンパイヤなのか？　この二者択一には最終的にはあまり意味がない。なぜなら、バンパイヤとは人間の持つある本質的側面、すなわち理屈ではなく本能や欲望によって動く側面が強調された存在にすぎず、両者の根は実は同じと理解することができるからだ。「ロックこそが人間なんだ」というトッペイのセリフは、それを示唆するものと解釈できるはずだ。

トッペイの生まれ故郷である「夜泣き谷」はもうない。バンパイヤ一族が代々住んだその村は、バンパイヤ自身の手によって焼き払われてしまったからだ（ただし、このくだりは、テレビ局からの要請があり、ドラマ版では改変を経て曖昧にされている）。バンパイヤは、狼に変身すること以外は人間とまったく違わない。にもかかわらず、他の人間たちはバンパイヤ一族を気味悪がって化け物扱いする。だから結局、バンパイヤは先祖伝来の土地を苦しみ悩んだ末に捨て、正体を隠して散り散りに暮らす決意をしたのである。

第五話で登場するトッペイの生き別れた父・立花博士（左卜全《ひだりぼくぜん》）は、人間にバンパイヤの存在を理解し、認めてもらおうと生涯をかけて行動してきた。しかしそれは挫折した。「人間同士でも顔かたちが違えば仲間に入れない」こともあるなかで、まして狼に変身する特殊能力を持つバンパイヤが人間と理解しあうことは難しい、と悟ったからである。だが亡くなる間際、それでも父は、バンパイヤと人間の橋渡しをする役割を果たすようトッペイに言い残す。

社会、そして世界から孤立する個であるという点では、ロックもトッペイも同じだ。トッペイが狼になったとき、その孤立感は極まる。すなわち、トッペイとロックはいっそう近い存在になる。だから「狼になると体があいつに従え、と命令する」のだ。

多かれ少なかれ、誰もが周囲から孤立していると感じる瞬間はあるだろう。それがどの程度の深さのものかは人それぞれでもある。しかし、そこからどのような一歩を踏み出すかは、人生における重要な分岐点となるはずだ。

『バンパイヤ』のなかでは、トッペイはバンパイヤとしての疎外感、ひいては差別される哀しみを抱えながらも人間との相互理解を深め、共存を図ろうとする。一方ロックは、人間への敵意を肥大させた先鋭的なバンパイヤの一派と手を組み、世界を支配しようとする。その点においてトッペイとロックは袂を分かち、相容れることはない。こうして最も人間に近いバンパイヤと最もバンパイヤに近い人間が織りなす物語が、この作品の基軸をなしていく。

特撮の時代と『バンパイヤ』

そんな物語が展開する『バンパイヤ』は、ジャンルとしては特撮物になる。その演出上の特徴は、なんといってもアニメーションと実写の合成という手法が全編にわたって採用されていることである。

変身した狼の動きは、アニメーションで描かれた。それがスピード感あふれるダイナミックな戦闘場面を可能にしている。一方、物語の基軸になる人間ドラマの部分は、生身の俳優たちが演じている。両者の合成という手法は、子ども向けの活劇的要素もありながら、いまふれたようなおとなの鑑賞にも耐えうる普遍性をはらんだドラマというこの作品の二面性を踏まえたものと言えるだろう。

手塚治虫は、自分の漫画作品の映像化にも熱心に取り組んだことで知られる。一九六一年に創設された「手塚治虫プロダクション動画部」を母体に翌一九六二年に設立されたのが株式会社虫プロダクション、通称虫プロである。一九六三年には一話三〇分の連続シリーズ物としては国内初となる『鉄腕アトム』（フジテレビ系）を制作するなど、現在のテレビアニメ制作の土台を築く役割を果たしたことで知られる。

同じく一話三〇分で二六回にわたって放送された『バンパイヤ』は、虫プロの子会社に当たる虫プロ商事の制作だった。では、アニメーションと実写の合成は、具体的にどのようにおこなわれたのか？

トッペイの普段の姿は、いうまでもなく生身の人間である水谷豊が演じている。そして満月の光で狼に変身するプロセスを表現する映像では特殊撮影が使用され（水谷豊は目にカラーコンタクトを付けて撮影したという）、変身が完了した狼の姿はアニメーションになる。したがって、狼がロックと対決する場面などでは、実写の俳優とアニメーションの狼が同じ画面で絡むことになる。

その際、合成の手法として「エリアル合成」と呼ばれる撮影法が使われた。

一九六〇年代、特撮物の人気が高まるとともに、特撮のための技法も大きく発展した。そのパイオニア的存在だったのが、いうまでもなく円谷《つぶらや》英二の創設した円谷プロダクションである。当初映画から始まった特撮技術は、円谷プロが制作にかかわった『ウルトラQ』や『ウルトラマン』などTBS系列で放送された一連の怪獣特撮物を通じてテレビでも大いに威力を発揮することになる。

その際多用されたのは、「オプチカル・プリンティング合成」（「オプチカル合成」）という技法だった。それは、合成したい素材と背景となる画面をそれぞれフィルム撮影し、その複製をオプチカル・プリンター（すでになにかが映されたフィルムを別のフィルムに焼き付けることが可能な光学プリンター）で撮影し、合成する手法である。円谷プロは当時最新だったこのプリンターをいち早く導入し、『ウルトラQ』や『ウルトラマン』をはじめとしたウルトラシリーズでも使用した。

ただこの技法は、撮影を繰り返す必要があるなど映像の完成に時間と手間がかかるものだった。その難点を避けるために用いられたのが、「エリアル合成」である。

この「エリアル合成」の仕組みは以下のようなものである。俳優が演じた実写フィルムを下からコンデンサー・レンズ（光源ムラを押さえるレンズ）を通しつつ撮影作業台に投影し、そこにアニメーションのセルを重ねる。そしてその合成された映像をアニメーション用のコマ撮りカメラで撮影するのである。（『バンパイヤ』ＤＶＤ－ＢＯＸシークレットファイル、四頁）。

この技法を使えば、撮影カメラのファインダーで完成画面を確認でき、また複製フィルムを多用しないため「オプチカル合成」よりも経費がかからないという利点があった（同ファイル、四頁）。映画にルーツを持つ「オプチカル合成」に対し、「エリアル合成」は、『鉄腕アトム』以来連続物のテレビアニメの世界を開拓してきた手塚治虫と虫プロ系列ならではの選択であった。

とはいえ、アニメと実写の合成で映像を制作するスタイルを全二六回にわたって続けることはかなり大胆な決断、ある意味実験的な決断であったように見える。しかも途中からは当時大人気で、かつ同じアニメということで視聴者層も重なる『巨人の星』(よみうりテレビ、日本テレビ系、一九六八年放送開始)の裏番組となったため、その斬新な演出手法もあまり日の目を見ることなく終わった。

だがCGと実写の合成による画面作りが当たり前となったテレビドラマの現状を見れば、それは将来を予見した先駆的試みだったとも言える。合成は、特撮物という枠を超えてドラマの演出手法としていまや一般化した。その意味では、『バンパイヤ』の試みも無駄ではなかったと言うべきだろう。

水谷豊少年と『バンパイヤ』の共鳴関係

ここまで『バンパイヤ』について、その物語やテーマ、撮影上の特徴という点からみてきた。では、この作品において水谷豊はトッペイという役柄をどう演じたのだろうか? また彼の俳優人生にとってその役柄はどのような意味合いを持つものだったのだろうか?

すでに述べたように、水谷豊はまず子役として演技の世界に入った。ただ、「子役」というのは俳優の世界のなかでも独特な存在である。

たとえば、すでに成年に達した俳優がメークや衣装などの助けを借りながら実年齢よりも高齢の役、つまり「老け役」を演じることは可能だし、実際しばしばそうしたケースが見られる。だが同じ俳優が小さな子どもの役を演じることは、よほど特殊な設定がない限り不可能だ。したがって、そのような役が必要であれば、実際に子どもである演者を探すしかない。ＮＨＫの大河ドラマや朝の連続テレビ小説などはその典型だろう。

むろん、『バンパイヤ』における水谷豊もそうしたポジションにある。一般的に特撮物においては、視聴者層もあって子役が起用されるケースは少なくない。同じく手塚治虫作品を原作とした特撮物『マグマ大使』（フジテレビ系、一九六六年放送開始）には、後にアイドルグループ・フォーリーブスのメンバーとなる江木俊夫がやはり子役として出演していた（水谷豊も第九話にゲスト出演している）。

ただ、『バンパイヤ』での水谷豊の演技は、いわゆる子役然としたものではない。もちろん少年らしい真っ直ぐなひたむきさは感じられるが、先述したテーマ上心理的な葛藤を表現しなければならない場面も多い。さらに言うなら、時折ふと老成したような表情すらのぞかせる。それは、弟のチッペイの天衣無縫な無邪気さと対照的だ。

そこには当然、彼の演じるトッペイが背負ったバンパイヤとしての宿命の重さがある。チッペイも狼への変身能力がある。だが、その姿は可愛らしい小犬にしか見えず変身して街中にいても誰も怪しまない。それに対しトッペイが街中に狼の姿でいれば、それだけで恐れられ、攻撃される。そこにトッペイの孤独の深さが伝わる。だがそうだからと言って、トッペイは、ロックのように人間への敵意を燃やすこともできない。子役・水谷豊は、まだ初々しさを残しながらもそんな複雑な役柄に挑んでいる。

ところで、先述したような子役の独特な立ち位置はその存在価値を保証する一方で、演者としての限界にもつながる。子役は、いつか必ず子役ではいられなくなるからだ。

当然俳優も年齢を重ねれば容姿や雰囲気も変わってくるが、そのときはそれに合わせて演じる役柄を変えればよい。その点、俳優は一生の仕事である。だが同じ演じる仕事でも子役は年齢に大きく左右される。心身ともに成長し、子どもの役柄を演じることは端的に不可能になる。するとそこでどうするか、俳優として仕事を続けるのかどうか、大きな決断を迫られることになる。

それは一般論として言えば、子どもから大人への過渡期である思春期に誰もがぶつかる、人生における進路の悩みだろう。

ここで興味深いのは、『バンパイヤ』という作品自体もまた、それと同様の思春期のメタファーとして読み取れることである。

バンパイヤに変身する能力は自ら望んで身につけたものではない。ところがその能力によって、トッペイは周囲の世界とどのように折り合いをつけるべきか人知れず苦悩する。それは、自分の置かれた環境のなかで将来どうすべきか悩む思春期の比喩としてとらえることが可能ではあるまいか。そうであるとすれば、ドラマにおいてメタファーとして表現された思春期は、一四歳になった水谷豊というひとりの少年、ひとりの子役の思春期とぴったり重なり合っていた。要するに、『バンパイヤ』と水谷豊は深い共鳴関係にあった。

家出のすすめ――再びテレビという箱のなかへ

実際、その頃水谷豊は悩んでいた。後になって彼は、次のように述懐している。「トッペイを演じた時もその後も、僕は役者になりたい、役者を続けたいとは考えていなかったと思います」(『バンパイヤ①』秋田文庫版解説、一九九五年、三一〇頁)。

『バンパイヤ』の後、水谷豊は一九七〇年に岩下志麻主演の『その人は女教師』で本格的映画デビューを果たす。ただ高校に進学していた彼は、一方で真剣に引退を考えるようになっていた(前掲『SmaStation!!』)。

そして結局劇団ひまわりを退団した彼は、アメリカの大学への進学を目指すことを決意する。ところがその折、父親の会社が倒産してしまう。アメリカ行きはあきらめて東京商船大学(現・東京海洋大学)を受験したものの失敗、浪人生活が始まる。しかし、一家の経済状況もあって受験勉強に専念するのは難しく、アルバイトをする必要があった(前掲『WEDGE Infinity』インタビュー)。

そんな五里霧中ともいえる状況のなか、水谷豊は約二か月間に及ぶ家出をしたことがあった。

一八歳のときである。

立川市の自宅を出たときの所持金はわずか四〇〇円。高尾山で仮眠をとるが寒さで寝つけなかった。翌日歩いていると、偶然通りかかった男性に釣りに誘われる。家出してきたとは言わなかったが、その男性は自宅に招いて食事をご馳走してくれた。しかもお礼を言って翌朝帰ろうとすると、窮状を察したのか「金、ないんだろ」と言って二〇〇〇円を渡してくれたという。水谷豊は、それでもすぐには家に戻らず、その一部を資金に初めてやったパチンコで大当たり(四〇〇円が一万六〇〇〇円になったという)するなどして当座のお金を作り、しばらく野宿をした。そしてその後、山中湖畔のドライブインで住み込みのアルバイトを始める(『女性自身』、二〇一三年八月二六日付記事。NHK『ごごナマ』二〇一九年一一月二七日放送)。

このときのアルバイト生活については、NHKの音楽番組『SONGS』(二〇〇九年六月一七日放送)で本人が詳しく語っている。それは「山中湖サービスセンター」というドライブインで、水谷豊はそこで観光の車やバスが停まる駐車場の係や観光客の世話係などを任され忙しくしていたようだ。番組には当時ドライブインを経営していた一家も出演して、水谷豊がギターを弾いてよく歌っていたことやいたずら好きだったことなどを証言していた。

そこで二か月ほど働いた水谷豊は、ようやく実家に戻る。『SONGS』のなかでも話していたが、元々受験に関して親からのプレッシャーがあったわけではなかった。ただひとりになりたいという思いが募り、それで家出という挙に出た。いま見たように、家出中に何かとりわけ劇的な出来事があったわけでもない。

ただ、その後周囲から「なんか変わったね」と水谷豊は言われた（同番組）。

歌人・劇作家である寺山修司の著書に『家出のすすめ』がある。一九七二年の出版なので、ちょうど水谷豊が家出をしていた頃に世に出た本である。

そのなかで寺山は、彼一流の言い回しで家出の効用を説いている。「地方の若者たちはすべて家出すべきです。そして、自分自身を独創的に「作りあげてゆく」ことに賭けてみなければいけない」（寺山修司『家出のすすめ』角川文庫、一九七二年、二一―二二頁）。

それを寺山は、「How to live」の基準を決める「主体の確立」のために「百の論理よりも、一つの行動に賭けてみる」ことだとも述べている（同書、二四頁）。暮らしていたのは地方ではないが、まさに水谷豊にとって家出とは、寺山の説くような「主体の確立」のための賭けだったのではあるまいか。

家族は良くも悪くも密着した関係にある。無償の愛情を注いでくれ頼りにもなるが、生きるうえでの呪縛にもなる存在だ。そこで家出をした水谷豊は、釣りに誘ってくれた男性にしてもドライブインでのアルバイト生活にしても、家族とは異なる程よい距離感の人間関係を経験することによって「主体の確立」へのきっかけを得た。「なんか変わったね」という印象は、そこから来ていると思える。

子役時代の彼が俳優を続けるかどうか悩んでいたのは、将来の職業選択のことでもあっただろうが、同時に「大人」への懐疑を抱いたからだった。「子どもの目から見て、こんな大人になりたくないなあっていう人がけっこういたんですよねえ」と水谷豊は、『バンパイヤ』当時の胸中を語っている（前掲『WEDGE Infinity』インタビュー）。

「こうなりたい大人」を見つけ、そこに近づこうとすることが「主体の確立」への第一歩だとすれば、そのときの子役・水谷豊にとって仕事の現場はあまりに理想からかけ離れているように見えた。そして彼は別の生きかたを求め、受験、浪人、そして家出という道筋をたどることになったのである。

ところがそんなとき、知り合いだったプロデューサーから「ちょうど一九歳の役を探してるんだ」と声をかけられた彼は、お金の必要もあり収入のいいアルバイトのような感覚で依頼を引き受けた（『週刊朝日』二〇一二年四月二七日付記事）。こうして水谷豊は、再びテレビという箱のなかに入っていくことになる。

その後現在に至るまで俳優業を続けている事実を見れば、結局は彼が根っからの俳優だったとも言えるだろう。しかしそこに至る道筋を踏まえれば、復帰するにあたってはやはり家出を経験し、「主体の確立」へのきっかけを得たことが大きかったのではあるまいか。そしてそのことを経た水谷豊には、テレビの世界が以前とは少し違って見えたのではなかろうか。テレビの制作現場における人間関係もまた同様に、家族ほどの近さはないが、完全にビジネスライクでもない。つまり、実はそこにも「主体の確立」の可能な環境は存在する。

学園ドラマの時代と水谷豊

そうして俳優業を再開した水谷豊がたびたび出演することになったのが、学園ドラマだった。第6章で改めてふれるが、ここで学園ドラマの歴史について、簡単にふれておこう。

一九七〇年代前半、学園ドラマは隆盛期を迎えていた。その基盤を築いたのは、日本テレビである。一九六〇年代初頭の『青春とはなんだ』(夏木陽介・藤山陽子主演)がNHK大河ドラマの裏で予想外の高視聴率を記録し、続く第二弾の『これが青春だ』では新人の竜雷太を主人公の先生役に抜擢し、これも成功を収めた。そうしたなかで、学園ドラマはテレビドラマの定番ジャンルのひとつとして定着していった(岡田晋吉『青春ドラマ夢伝説』日本テレビ放送網、二〇〇三年)。

当時、水谷豊も日本テレビの学園ドラマ『炎の青春』(一九六九年放送)にクラスの優等生役で出演している。だがこれは、作品自体それほど評判にはならず、視聴率的にも失敗に終わった。

それは、日本テレビが築き上げてきた学園ドラマというジャンルにとって、ひとつの危機でもあった。そこで変化を求め、『おれは男だ!』(一九七一年放送開始)では主人公を先生ではなく生徒にした。これがヒット。主演の森田健作もアイドル的な人気を集め、これで学園ドラマは息を吹き返す。

その勢いで制作された『飛び出せ！青春』（一九七二年放送開始）は、再び教師を主人公にした路線に戻る。新任教師・河野先生役を演じたのは、村野武範だった。これも人気を呼び、さらに続編的な要素もある『われら青春！』（一九七四年放送）では主役の先生役を演じた新人・中村雅俊が一躍スターになり、学園ドラマの隆盛期は、ちょうど水谷豊が俳優業に復帰した時期と重なっている。

そしてそんな学園ドラマは揺るぎない人気ジャンルとなった。二〇歳になろうとしていた彼も、学園ドラマにたびたび出演することになった。

そのひとつに、いまあげた『飛び出せ！青春』の第四話「やるぞ見ていろカンニング」がある。その回の内容は次のようなものだった。

ドラマの舞台である太陽学園は、無試験で入れる全入制の高校である。教育方針も、自由放任主義だ。だが校長の座を狙う教頭の一派はその方針に反発し、近々実施される期末試験では順位を校内に貼り出すことを提案する。その案に激しく反発する河野。しかし賛成多数でその案は可決される。

水谷豊が演じるのは、河野のクラスの生徒・林祐三である。彼はプラモデル作りが趣味であまり目立つ存在ではなく、成績もそれほど良いわけではない。だが父親は次の教育委員会の委員長を狙おうかという大物で、三人の兄姉は成績優秀。だから彼はいつも肩身の狭い思いをしている。そこに試験順位が発表されることを聞きつけた母親から猛烈なプレッシャーをかけられ、とうとう林はカンニングに手を染めることを決心する。

カンニングを次々と成功させた林はすべて満点を取り、中間発表でトップになる。そこでひとりの生徒が林の怪しい様子に気づき、河野に調査を求める。しかし河野は、「カンニングしたい奴にはさせておけ」とその訴えに耳を貸そうとしない。するとその対応が教育委員会の大物である林の父親へのご機嫌取りに違いないと邪推した生徒は、他のクラスメートを巻き込んで自らもカンニングを実行しようとする。

そして迎えた河野の受け持つ英語のテスト当日。集団カンニング計画の情報を事前に聞き知っていた彼は、問題用紙とともに正解の書かれた用紙を全員に配る。そして「見たい者は見てもよい」と言い、教室から出て行ってしまう……。

河野がカンニングの告発に耳を貸さなかったのは、テストは他人と順位を競い合うためのものではなく、あくまで自分の努力の成果を確認するためのものという信念があったからだった。もちろんカンニングはその点でも許される行為ではないが、その無意味さを悟るかどうかも本人次第と考え、河野は生徒からの調査依頼を拒絶したのだった。

だからもし自分のテストでひとりでもカンニングを実行したら、自らの教育理念が伝わっていないことを理由に教師を辞める決意を固めていた。その決意を偶然耳にしていた林は河野の考えを知り、そのことをクラス全員に訴える。そして勘違いしていたことを知った生徒たちは、カンニングせずにテストを受ける。

この回の脚本担当は、一九八〇年代に『金曜日の妻たちへ』『男女7人夏物語』（いずれもTBSテレビ系）などで一躍人気脚本家になった鎌田敏夫である。彼が一九七〇年代に精力的に執筆したのが、学園ドラマだった。この『飛び出せ！青春』の後も『われら青春！』や『俺たちの旅』など一連の中村雅俊主演の青春学園もののメインライターを務めた。

したがって、この回のストーリー展開には、一九七〇年代の学園ドラマのエッセンスがよく表れている。カンニングのような不正、逸脱行為をした生徒が、生徒のことを真剣に思う教師の気持ちに打たれて改心するという構図である。多くの場合、逸脱する生徒は不良というパターンが多いが、この場合はそうではないのが一風変わった味付け（林が持ち前の手先の器用さを生かして机や消しゴムに手の込んだカンニングペーパーを仕込む場面も、ドラマ的な見どころである）になっている。繰り返しになるが、その生徒を演じたのが、水谷豊であった。

水谷豊が演じた不良——学園ドラマの異色作『泣くな青春』

一方、水谷豊が不良を演じた学園ドラマもある。一九七二年一〇月から放送された『泣くな青春』（フジテレビ系）である。

この作品の放送期間は、完全に『飛び出せ！青春』と重なっていた。当時の学園ドラマというジャンルの人気を物語るとともに、水谷豊が『飛び出せ！青春』で一話だけのゲスト出演だったのも、こちらで重要な役どころのレギュラーだったからであろうことが推察できる。ともに東宝が制作に名を連ねていた。

主演は中山仁。彼が演じる新任教師の大和田英一が生徒たちの巻き起こす問題を解決しようと奮闘する姿が、一話完結方式で描かれる。このあたりは、『飛び出せ!青春』、ひいては一連の学園ドラマの基本パターンを踏襲している。

しかし、日本テレビの学園ドラマが一貫して楽天主義だったのに対し、フジテレビで放送されたこの『泣くな青春』は、生徒の売春や自殺を扱うなどかなりシリアスなトーンの作品だった。

そもそも大和田が受け持つ三年D組は、学校の進学率を上げるために不良だけを隔離してつくられたクラスである。水谷豊が演じる守屋親造は、そのなかで一目置かれている不良のリーダー的存在という設定だ。劇中では、校庭で彼がギターを弾いてクラスメートとともに合唱するシーンもあったりする。また守屋には、貧しい家庭の経済状況を助けるために新聞配達をしているという一面もある。

ここでは全一七話のうち、『飛び出せ!青春』第四話と同じく試験にまつわる問題を扱った第五話「重いカバン」に注目してみたい。

話は、三年D組の生徒のひとりに医大への裏口入学の話が持ち上がるところから始まる。だがそのことが何者かによって学校に告発される。しかし問題になるかと思いきや、校長ら上層部は、学校の進学実績を上げるために裏口入学を黙認しようとする。そして告発した張本人である別のクラスの優等生も、実は同じ大学の裏口入学の便宜を得ようとしていた。だが彼は、その大学はすべり止めであるからという理由で、強引に自分を正当化しようとする。

「受験地獄」という表現が劇中でも繰り返し出てくるように、この回の背景にあるのは親や生徒に大きな重圧となってのしかかる苛烈な学歴社会である。件の三年D組の生徒の父親もまた、学歴がないばかりに会社で出世もできず悔しい思いをしていた。だからなけなしの財産を処分してでも、子どものためにと裏口入学の話に飛びつこうとする。

ここで興味深いのは、水谷豊演じる守屋が「蚊帳の外」に置かれたポジションだという点である。

先ほど書いたように、守屋は家庭が貧しいために大学進学そのものをあきらめざるを得ない。つまり、優等生か劣等生であるかに関係なく、受験という制度そのものから疎外されている。一方、『飛び出せ！青春』で同じ水谷豊が演じた林は、対極にいる。林は本人の意思に関係なく親の見栄によって試験を受け、結果を出すよう強制的に追い込まれる存在である。

第五話のなかで、守屋は裏口入学をするかどうか悩むクラスメートに対して「人間頼りになるのはテメエだけだぜ」と言い放つ。それは、自分の道を切り開くのは自分であり、そのためには裏口入学でさえも選択肢のひとつだという痛烈なメッセージである。そしてその言葉を聞いたクラスメートは改心し、裏口入学ではなく地道に勉強に取り組むことを自ら選ぶ。

だが一方で、そのことは守屋に自分自身が孤独であることを痛感させる結果にもなる。優等生はもちろん、不良仲間も結局学歴は必要とこぞって大学を目指すなかで、彼は取り残される。ギターを持ってひとり校庭にたたずむ守屋……。

おそらく学園ドラマの常道からすれば、最後は守屋も含めてクラス全員が一致団結し、互いに絆を確かめ合うというようなハッピーエンドが用意されているはずだ。ところがこの第五話は、それどころかむしろ逆の結末を迎えている。友情だけではどうにもならないシビアな現実の存在が示唆されて、この回は終わる。

実は、中山仁演じる大和田も同じ高校の卒業生で元不良という設定である。この『泣くな青春』は、単にシリアスな問題を正面から扱ったというだけでなく、不良を主人公の引き立て役ではなく物語の中心に据えたという意味でも異色の学園ドラマだった。大和田は、新任早々生徒たちの前で自らの体験をもとに挑戦的不良と逃避的不良の違いを説く。そして目の前の現実から逃避するのではなく、そこに挑んでいく人間、つまり挑戦的不良になれと主張する。

演技には生き様が露呈する——水谷豊にとっての俳優とは？

水谷豊が演じた守屋親造は、いわば挑戦的不良になるための特別な試練を与えられた〝象徴的不良〟とでも呼べそうなキャラクターである。そしてその試練は、いまみてきたようにちょっと努力すれば簡単に乗り越えられるようなものではない。

この守屋の役柄にも、『バンパイヤ』のトッペイと同じくひとりの俳優、そして人間としての水谷豊が置かれた当時の境遇とオーバーラップする部分があるように思える。

一九七〇年代前半、学園ドラマの生徒役からは森田健作や石橋正次など多くの若手俳優がブレークして人気俳優となった。しかし一方、水谷豊はそうはいかなかった。もちろんそこには作品との巡り合わせという側面もあったに違いない。だがより根本的には、水谷豊という俳優、そして人間が抱えている屈折の深さがあったからではないだろうか。

確かに学園ドラマの不良生徒自体、屈折した存在だ。だがこの時代の学園ドラマにおいては、多くの場合そこに「根は純粋で素直」という大前提があった。不良生徒は、自分のことを親身になって考えてくれる教師やクラスメートによって改心する存在という物語的な役割が与えられていた。その意味では、そこにあるのは〝わかりやすい屈折〟だった。

それに対し、水谷豊のなかには、家出に明確な理由がなかったようにおそらく自分でもうまく言葉にはできない不透明な感情がずっとあった。その点、彼のなかにあったのは〝わかりにくい屈折〟、そう簡単には解消されそうにない屈折だった。主体の確立は一朝一夕になされるものではない。家出が自分を変えるきっかけにはなったとしても、水谷豊の精神的彷徨はその後も続いていった。

だから、当時の学園ドラマが描こうとした定番的ストーリーには、水谷豊は最終的にフィットしなかった。全入制の太陽学園のような理想郷、裏を返せば現実離れした学校を舞台にした学園ドラマでは、彼の屈折の居場所がなかった。だからこそそうした定番から外れた『泣くな青春』のような異色作で、はじめて彼の〝わかりにくい屈折〟は生かされた。あまり言及されることはないが、守屋親造という陰影のある魅力的なキャラクターは、水谷豊の演じた数多くの役柄のなかでもおそらく最も重要なもののひとつだ。

確かに、本人と役柄とは別だという捉えかたもあるだろう。内面に複雑なものを抱えた俳優であっても、単純明快な役柄を演じることはできる。またプロの俳優なら、当然できなければならない。そう考えるひとも少なくないだろう。

しかし、演技の巧拙とは別に水谷豊はそういうタイプの俳優ではない。そのことは、彼自らが語る俳優観からも明らかだ。

水谷豊はこう述べる。「芝居というものは、演じる側の生き様がそれを意識しないときに表れてくるものです。それをどう感じるかは、見る側のそれぞれの判断に委ねられる。その意味で僕が役者を続けてきて思うのは、役者とは、ある役どころにトライするのではなく、常に自分にトライするということ——その役が政治家であれ、銀行マンであれ、刑事であれ、犯罪者であれ、その役柄にいかに自分が興味を持って立ち向かえるかということが、演じることの出発点になるということです」（前掲『バンパイヤ①』秋田文庫版解説、三〇九—三一〇頁）。

演技とは、演者の生き様が無意識に露呈する行為である。ここで水谷豊はそう言っているように思われる。別の言いかたをすれば、俳優の醍醐味とは、演じる役柄を通じて自分も気づかなかった自分の本質に出会うことである。

水谷豊は子役として連続ドラマの主役まで務めたにもかかわらず俳優を辞め、受験に失敗し、そして家出もした。いわばそれは、逸脱の連続である。そのように生きてきた彼にとって、守屋親造のような〝わかりにくい屈折〟を抱えた不良は最もふさわしい役柄だったに違いない。

そして守屋親造という役柄は、俳優の仕事に復帰後の水谷豊が目指すべき方向性を指し示してもいた。繰り返すなら、「蚊帳の外」的人物を演じるときにこそ俳優・水谷豊は輝く。振り返れば、狼に変身するというだけで人間の世界から疎外されていた『バンパイヤ』のトッペイもそうだった。

またここで、『相棒』の「特命係」のことを思い出してもいいだろう。まさにそれは警視庁のなかの「蚊帳の外」的部署であり、杉下右京はその象徴ではなかっただろうか。であるとすれば、「蚊帳の外」的役柄の成熟のプロセスがそのまま俳優・水谷豊の歴史だととらえることもできるはずだ。

そして一九七四年一〇月、そのプロセスにとっての大きな一歩が踏み出されることになった。萩原健一と共演した『傷だらけの天使』(日本テレビ系)の放送開始である。そのとき水谷豊は少年時代を過ぎ、二二歳になっていた。ではそこで彼はどのような〝不良〟を演じたのか？章を改めて振り返ってみることにしよう。

第2章

若者のすべて

彷徨する魂

一九七〇年代、水谷豊は「若者のすべて」を演じた

「若者のすべて」。このフレーズには、ひとを惹きつけるなにかがある。その証拠に、これまでもさまざまなジャンルの作品のタイトルとして使われてきた。

音楽では、二〇〇七年にリリースされたロックバンド、フジファブリックの楽曲がある。夏の終わりの情景に人生の若い季節の終わりを重ねているかのような詞を淡々としながら独特のグルーヴ感のあるメロディに乗せて、ソングライターでもあるボーカルの志村正彦が歌う。多くのミュージシャンにカバーされ、いまも歌い継がれる名曲だ。

ドラマでは、一九九四年にフジテレビ系で放送された同名作品があった。主演は萩原聖人。そこに『あすなろ白書』（フジテレビ系、一九九三年放送）でブレークしたばかりの木村拓哉ら若手俳優が絡む群像劇だ。物語の舞台は川崎。京浜工業地帯にある下町で生まれ育った幼なじみの若者男女が仕事、恋愛、そして人生に悩み、葛藤する姿が描かれる。脚本は岡田惠和。オープニングの工業地帯を空撮でとらえた夜景とそこに流れるMr.Childrenの「Tomorrow never knows」も印象的だった。

そして、それらの作品にインスピレーションを与えたであろうと思えるのが、一九六〇年に日本で公開された映画『若者のすべて』（原題はイタリア語で「ロッコとその兄弟」）である。監督はルキノ・ヴィスコンティ、主人公のロッコを演じたのは若きアラン・ドロン。ミラノにやってきた貧しい兄弟が、都会での成功を夢見ながらも現実の厳しさ、ままならなさに直面する姿を突き放すようなタッチで描いた。当時盛んにつくられた「イタリア・ネオレアリズモ」を代表する一作である。

いま、こうした作品を振り返ったのはほかでもない。時は一九七〇年代、水谷豊本人も一〇代の終わりから二〇代、つまり「若者」と呼ばれる年代を迎えていた。そして実際、ドラマや映画のなかで実年齢と重なるような、印象的な若者を次々と演じて評判になり、続けるかどうか悩んでいた彼の俳優人生にもようやく光が差すことになる。

つまり彼は、一九七〇年代の「若者のすべて」を演じることで、俳優としての自己形成をおこなっていった。それはまさに、俳優・水谷豊にとっての青春時代であった。この章では、その道のりを詳しくたどってみることにしたい。

『太陽にほえろ！』から『傷だらけの天使』へ

水谷豊という俳優が俄然注目されるようになった作品、それはいうまでもなく『傷だらけの天使』である。一九七四年一〇月から一九七五年三月まで、日本テレビ系列で毎週土曜夜一〇時から放送されていた。主演はショーケンこと萩原健一である。

番組誕生のきっかけは、萩原が同じ日本テレビの刑事ドラマ『太陽にほえろ！』に出演していた頃にさかのぼる。

グループサウンズブームにおいて、ザ・テンプターズのボーカルとしてザ・タイガースの沢田研二に並ぶ絶大な人気を誇っていた萩原健一は、その後沢田らとともに組んだバンド・ＰＹＧなどを経て本格的に俳優業に進出する。そして俳優としての萩原の存在を全国に一躍知らしめたのが、『太陽にほえろ！』で演じたマカロニこと早見淳役だった。

『太陽にほえろ！』は、警視庁七曲《ななまがり》署捜査第一係を舞台にした刑事ドラマ。「ボス」役の石原裕次郎を中心に、個性的な刑事たちが事件解決のために奮闘する。毎週金曜夜八時からの放送で、一九七二年七月から全七一八回、一四年余りにわたって放送された刑事ドラマ史に残る名作である。

第一回は、萩原健一演じる早見淳が七曲署に赴任するところから始まる。他の刑事が皆よく似た背広にネクタイ姿なのに対し、早見だけはノーネクタイでおしゃれなスリーピースのスーツ姿に長髪。その風貌が「マカロニウエスタン」を連想させると早々に付いたニックネームが「マカロニ」だった。

当時の番組プロデューサーであった日本テレビ・岡田晋吉によれば、この「マカロニ」の設定は、「青春刑事ドラマ」というこの作品のコンセプトから来たものだった。「表向きは「刑事もの」にするが、真の内容は「青春もの」として描こう」と岡田は考えた。言い換えれば、刑事という職業を通じてひとりの若者が成長していく姿をドラマの軸に据えたのである（岡田晋吉『太陽にほえろ！伝説』日本テレビ放送網、一九九六年、二〇頁）。そして抜擢された萩原健一は、破天荒ながらも刑事であることに悩み、自問自答を繰り返しながら成長していく役柄を見事に演じ、ブレークを果たす。

なかでもマカロニの存在を忘れがたいものにしたのは、「殉職」シーンである。現在では刑事ドラマにおいてレギュラークラスの刑事が殉職するパターンはそれほど珍しくはない。しかし当時、刑事、しかも主役級の刑事が殉職するというのは前代未聞と言っていいことだった。

そこには、いまもふれた『太陽にほえろ！』の成長ドラマとしての側面がある。初めての犯人逮捕、初めて銃を撃つ、初めて命の危険にさらされるなどの経験を積んで、マカロニは成長していった。ところがそうしたなかで、残された成長の余地がなくなっていく。それは「成長ドラマ」が必ず内包する自己矛盾だ。そのことを気づいていた萩原健一自身が提案してきたのが、殉職することだった（同書、六〇頁）。通り魔に刺され、誰もいない場所で「死にたくないよー」と呻きながら息を引き取るその場面は、いかにも孤独な若者にとっての青春の終わりを象徴するような演出だった。

だが一方で、萩原は『太陽にほえろ！』に関してひとつの大きな不満をずっと抱いていた。それは、徹底してセックスの要素が排除されていることだった。

そうなったのは偶然ではなく、スタッフ側の配慮によるものだった。前出の岡田晋吉は、放送が金曜夜八時という子どもも見ている時間帯であることを踏まえ、作劇上のルールとしてそう決めたのである。しかし萩原健一は、それに納得がいかなかった。彼は、「犯罪の動機から、SEXの問題を除いてしまうのは不自然だ」とたびたび岡田に訴えていた（岡田晋吉『青春ドラマ夢伝説』日本テレビ放送網、二〇〇三年、一五九頁）。

そこで萩原健一の降板を機に、かねてからのそうした彼の不満を受けて新たに企画されたのが『傷だらけの天使』だった。放送は土曜の夜一〇時から。いまと異なり、当時の視聴習慣では「夜一〇時」は子どもが寝た後の「深夜帯」であり、これならセックスの問題も扱えた。

そして企画が動き出し物語の設定も決まっていくなか、ひとつ懸案となったのが、探偵事務所の調査員として萩原健一と組んで働く〝相棒〟役の人選である。

当初プロデューサーら番組スタッフは、火野正平を第一候補に考えた。火野は、前年一九七三年のNHK大河ドラマ『国盗り物語』で演じた羽柴秀吉役が評判になり、全国的な人気者になっていた。そこで白羽の矢が立ったのである。だがすでに火野は多忙を極め、スケジュールの都合で結局あきらめざるを得なかった。次いでスタッフは、歌手として成功し、コメディアンとしても同じ日本テレビのバラエティ番組『金曜一〇時！　うわさのチャンネル!!』（一九七三年放送開始）のレギュラーだった湯原昌幸などにも会ったが、決まらなかった（萩原健一『ショーケン』講談社、二〇〇八年、七〇―七一頁）。

そこで萩原健一が自ら推薦したのが、水谷豊だった。実は水谷豊は『太陽にほえろ！』の第一回に出演し、マカロニが最初に捕まえる犯人役を演じていた。その初共演の際、「誠実だし、ひたむきだし、いつも一生懸命やる」という好印象を抱いていた萩原が、水谷豊を推してくれたのである（同書、七一頁）。こうして萩原健一演じる木暮修と水谷豊演じる乾亨《いぬいあきら》という日本のドラマ史上に残る名コンビは誕生した。

兄弟分としてのバディ

では、『傷だらけの天使』とはどのようなドラマだったのか？

ドラマは一話完結スタイル。ジャンルで言えば、探偵物である。

毎回、岸田今日子演じる綾部貴子が社長を務める「綾部情報社」から修に依頼があり、修と亨は正体を隠しての敵のアジトへの潜入調査など、危ない橋を渡りながらそのミッションを遂行しようとする。そして無事任務を果たせば約束のギャラが入る。

ただ綾部貴子は「修ちゃん」といつも優しく語りかけ、修のことを気にかける一方、裏では金と権力を得るためなら時に犯罪に手を染めることも厭《いと》わない冷徹な面を持つ策略家でもある。彼女の意に沿って動く事務所の片腕的存在である、岸田森《しん》演じる辰巳五郎も同様だ。

それに対し、木暮修は二四歳。無鉄砲で喧嘩っ早く女性好きで単純だが、義理人情には厚い。いつも金欠で困っているが、亡くなった妻とのあいだにいまは離れて暮らしている小さな一人息子がいて毎月仕送りは欠かさない。そのため子どもにはからっきし弱く、それが仇になることもある。

一方、水谷豊が演じる乾亨は、年齢は修より二つ下（「三つ違う」というセリフもあるが、おそらく誕生日の関係でそうなる時期があるという設定だろう）の二二歳。修と違って自動車修理工としての資格も持っていて、基本的には堅実志向で真面目である。そして純粋すぎるほど純粋。だから騙されやすい一方で誰よりも修のことを慕っていて、いつかは修の子どもと三人で平和に暮らすのが夢だ。だからどんなに疎んじられ、時には大喧嘩しようと、亨は修から決して離れようとはしない。

この『傷だらけの天使』は、「バディもの」と称される作品群のひとつに数えられるだろう。同じ一九七〇年代には松田優作と中村雅俊主演でつくられた『俺たちの勲章』、一九八〇年代には舘ひろしと柴田恭兵による『あぶない刑事』、そしてもちろん本書でも後で詳しく取り上げることになる、二〇〇〇年代に水谷豊と寺脇康文のコンビで始まった『相棒』など、探偵物や刑事物に二人組が活躍する「バディもの」は多い。

だが『傷だらけの天使』の修と亨の関係性には、他の作品にはないどこか独特の匂いがある。それを象徴するのが、当時若者のあいだで流行語にもなった亨の修に対する「アニキ〜」の呼びかけだろう。それ自体はどうということもないものだが、水谷豊特有の鼻にかかったような独特の抑揚のある口調でひとたび発せられると、忘れられない印象を残す。

そしてこの「アニキ〜」という呼びかけには、修と亨の関係が、対等な仲間というよりも、むしろ兄弟分であることが凝縮されている。

実際、劇中で「盃《さかずき》を交わす」というセリフも出てくるように、『傷だらけの天使』には、仁侠映画を思わせる部分が多々ある。それはただ単に、物語上やくざが絡むことが多いということだけではない。修自身が、そういう気分のひとなのだ。一人息子の名前を高倉健と菅原文太からとって「健太」と名付けたという修の部屋には二人のポスターが貼ってあるし、義理人情へのこだわりから最初は調査対象だった室田日出男演じる元やくざの果し合いに修が助太刀する第三回のように、任侠映画的展開になる回も少なくない。

そして亨は、そういう性格の修にほれ込んでいる。亨は中学中退（小卒）であり、童貞である（それを〝卒業〟しているような描写もなくはないが、そのモチーフはずっと繰り返される）。またファッションも、街の粋がった若者がするような、ポマードをべったり付けたリーゼントスタイルに革ジャンかスカジャン。それらはどれも、亨が精神的に「子ども」であることを暗示するものだ。水谷豊が額にしわを寄せながら見せる、なんとも言えない表情をたたえた特徴的な上目遣いの演技が、その印象をさらに強くさせる。

保護者的な立場である修はそんな亨を事あるごとにからかい、時には早くひとり立ちするよう厳しく説教もする。だが当の亨は修に反抗したり拗ねたりしながらも、いざとなると修を助けに駆け付け、結局離れていくことはない。つまり、亨は仁侠映画的な弟分の立場である自分に満足している。水谷豊の「アニキ〜」の口調から漂う、どこかセンチメンタルな甘酸っぱさは、そうした感覚を見事に表現して余すところがない。

孤立無援の青春——根無し草の二人

だが、そうした旧時代的な部分を残しながらも、このドラマが当時の若者に強い共感を呼んだのは、やはりこの作品が紛れもなく同時代的なものだったからだろう。

その共感の理由は、二人が根無し草であることに尽きる。

象徴的なのは、二人が暮らすペントハウスである。東京・代々木の古びた雑居ビルの屋上にあるペントハウスで修と亨はポツンと暮らしている。ドラム缶の風呂はハウスの外の広々とした屋上のバルコニーに置かれ、小さいが気持ちが良さそうだ。部屋は決して広くはなく、きれいとも言い難いが、テレビや電話、台所用品など一通りのものは揃っている。

修は、定職にも就かずいつも金欠のくせに競馬に夢中と言ったその日暮らしの生活。しかし、誰にも気兼ねせず自由気ままな様子は羨ましくもある。しかし、そうした「都会の孤独」を気取ったような一見気楽そうな暮らしは、頼るものの全くない根無し草のような人生であることの裏返しである。

ただ、妻の実家に息子を預け、毎月仕送りしている分、修はまだ世間とつながっている。その点、亨のほうがより根無し草的だ。亨は生きていくうえで必要なはずの他者との関わりと一切無縁に見えるからだ。

亨は、ほんの小さな頃から孤児院で育ったため親の顔を知らない。そして先ほども書いたが中学中退でろくに学校にも通わず、集団就職で東京に出てきた（市川森一『傷だらけの天使』大和書房、一九八三年）。だが結局落ち着くことができず、いまは明日をも知れぬ探偵屋稼業だ。もちろんだから絶対に不幸とは言えないが、家庭、学校、職場といったような、多くの人間が生きていく拠り所にする場からことごとくはみ出してきたような人生だ。

そんな二人が唯一日常的に関わりを持つのが、雇い主でもある「綾部情報社」の人びとである。

だが先ほど書いたように、綾部貴子と二人の関係は、一般的な雇用者と被雇用者のそれではない。むしろ両者の根底にあるのは対立、いわば大人と若者の対立である。

岡田晋吉によれば、この『傷だらけの天使』の図式は「大人は全て悪で、その悪に善である二人の純粋な青年が体ごとぶつかっていく」というものである（前掲『青春ドラマ夢伝説』一六〇頁）。確かに、そのような展開になる回は多い。修と亨は、実は彼らに与えられた指令の裏側で綾部が策謀をめぐらせていることを知る。大人は彼らを騙し、体《てい》よく利用しようとしていたのだ。すると修と亨は激しく反発し、調査相手の味方をするなど単独行動をとり始める。だが綾部の百戦錬磨の悪賢さにはかなわず、いつも最後は手のひらの上で踊らされてしまう。

言い換えれば、そこには『太陽にほえろ！』と同様、青春ドラマの要素が入っている。ただその青春は、孤立無援だ。学園ドラマであれば、クラスメートや同僚の先生、教え子が協力してくれる。『太陽にほえろ！』のマカロニでさえ、ボスや先輩刑事たちに守られている存在だった。ところが、『傷だらけの天使』の修と亨には、そういったものは一切ない。それどころか、ひとつ間違えば見捨てられ、命さえ失いかねない。二人は、いわば無慈悲な現実のなかに無防備にさらされるしかない。

「探偵ものでロードムービー」――亨の死が意味するもの

その意味で、萩原健一が『傷だらけの天使』を「探偵ものでロードムービーにしたい」と思っていたというインタビューでの発言は示唆的だ（「萩原健一、『傷だらけの天使』を語る。」）。

ロードムービー、すなわち主人公が一か所にとどまることなく旅を続けるドラマだが、萩原はジーン・ハックマンとアル・パチーノ共演の『スケアクロウ』(一九七三年公開)に刺激を受けていたと言う(同インタビュー)。同作品は、偶然出会い、意気投合した性格も全く異なる二人の男が人生をやり直すため、ともに旅を続ける話である。アル・パチーノ演じる男性が子持ちの設定であり、離れて暮らす子どもに会うため旅に出るところなどは、『傷だらけの天使』にも通じるものがある。

また萩原は、『傷だらけの天使』との関連で別のロードムービーにも言及している。「木暮修と乾亨は、一九六九年のアメリカン・ニューシネマ『真夜中のカーボーイ』、あの作品のジョン・ヴォイトとダスティン・ホフマンがやったキャラクターあたりからヒントを得ています」(前掲『ショーケン』七〇頁)

『真夜中のカーボーイ』とは、こんな内容の作品だ。テキサスの田舎出身のジョン・ヴォイト演じるジョーは、成功への夢を抱いてニューヨークにやってくる。そしてそこで、ダスティン・ホフマン演じる足の不自由なホームレス、リコと出会う。希望に燃えていたジョーだが、男娼をしながらなんとか食いつなぐなど都会暮らしの現実は厳しい。またホームレスのリコには過酷なニューヨークの冬も迫ってくる。そこでリコのかねての夢を叶えるため、二人は冬でも暖かいフロリダを目指してバスの旅に出る。だが重い病を抱えていたリコは、フロリダに到着する直前、バスのなかで息絶える……。

萩原もふれているように、この時期アメリカ映画では、「アメリカン・ニューシネマ」と呼ばれる一群の作品が作られた。共通するのは、アンチ・ハッピーエンド。ベトナム戦争の泥沼化によるアメリカ国内の停滞感や閉そく感を背景に、自由に生きることを切望しながらも結局挫折してしまう若者たちの姿が繰り返し描かれた。

そうした若者の寄る辺なさを表現するうえで適していたのが、ロードムービーであった。彼や彼女たちは、一筋の希望を求めて目的地へと旅立つ。だが道中でもさまざまな困難に出会い、しかもその希望はなにかに阻まれて叶えられることはない。『傷だらけの天使』の修と亨もまた、そうした若者たちの一組として構想されたわけである。

もちろん、『傷だらけの天使』を全体でみれば、一般的な意味でのロードムービーとは違っている。だがそのなかで第七話「自動車泥棒にラブソングを」(脚本は、このドラマのメインライターである市川森一)など、ロードムービー的展開になっている回もある。

この回、依頼された仕事絡みで追われる羽目に陥った修と亨は、こちらも悪事を働く組織から命じられた任務に失敗して追われる身になった川口晶演じる女性とともに、車で逃避行を続けることになる。そして三人は、人生を一からやり直そうと決めた女性の故郷を目指す。道中では三人によるほのかな恋愛模様も描かれ、切なささえ感じさせる姿はまさに青春ドラマそのものだ。

そして無事目的地に到着した三人は、田園風景の広がる田舎で都会暮らしの憂さを忘れ、ひと時の安らぎを得る。再会を約して笑顔で女性と別れを告げ、車で東京に戻る修と亨。だが実は、その車は組織の追っ手に尾行されていた。女性が殺害されたことを新聞で知る修と亨……。

ただ、そうした個別の回への影響にとどまらず、萩原健一が語ったように二六話からなる『傷だらけの天使』全体が一種のロードムービーであったとも言えるだろう。そのことをまざまざと教えてくれるのが、いまも語り継がれる最終回のラストシーンである。

ようやく東京での暮らしに見切りをつけ、地方の美しい街で修、そして健太と三人で暮らそうと決めた亨。だがその資金稼ぎのためのバイトで無理をして風邪をひき、そのまま肺炎に。そしてあっけなく誰もいない部屋で亡くなってしまう。遅れて帰って来た修は嘆き悲しみながらも、身体を温めてやろうと亨を風呂に入れ、童貞だった亨の身体に「女、抱かせてやるからな」と女性のヌード写真を貼ってやる。だが通常のように葬ることはしない。死体を入れたドラム缶をリヤカーに積んで、修は夢の島に向かう。そして無造作に亨の死体を捨て、リヤカーを引きながらどこかに走り去る。

ロードムービーという観点から見るなら、このラストシーンは次のように解釈することができるだろう。

結局、亨が無事生きていれば実現したはずの三人の〝ロードムービー〟は未遂に終わった。すなわち、『傷だらけの天使』は、ロードムービーであることを夢見て、挫折してしまったロードムービーであった。その点、誰にも見守られることのなかった亨の死は、『真夜中のカーボーイ』のリコ以上に孤独な死と言える。修よりも「子ども」の亨は、現実の厳しさ、大人の汚さによって最も被害を受けやすい脆さを象徴する存在であったことを、改めてこのラストシーンは物語る。兄であり、時には親のようでもあった修も亨を守り通すことはできなかったのだ。

「親殺し」というモチーフ――『青春の殺人者』

亨役でブレークした水谷豊は、次いで映画に主役で出演した。一九七六年公開の『青春の殺人者』である。

この作品、長谷川和彦の監督デビュー作にして、いまでも根強いファンが多い。映画評論家からの評価も高く、たとえばキネマ旬報恒例の年間ベストテンでは日本映画第一位、さらに日本映画監督賞、脚本賞、主演女優賞を獲得、そして水谷豊も主演男優賞を受賞した。いまふれたように公開されたのは一九七六年、つまり『傷だらけの天使』放送終了の翌年である。長谷川和彦は、水谷豊の乾亨の演技を見て主役に抜擢したのだった（DVD特典における長谷川和彦インタビュー）。

この映画は、実際に起こった殺人事件を題材にしている。直接は同じ事件をもとに書かれた中上健次の小説『蛇淫《じゃいん》』が原作だが、長谷川和彦は自ら事件の関係者などに詳しく取材をし、脚本の田村孟《つとむ》とともに独自の脚色を施した。

水谷豊演じる斉木順は二二歳（これは乾亨と同じ年齢設定だ）。現在は、恋人のケイ子（原田美枝子）とともに千葉県郊外の道路沿いにある小さなスナックを経営している。だが順の両親は、二人の交際を快く思っていない。

ある日、実家に車を取りに行った順は、ケイ子の良からぬ噂や悪口を延々と話す父親（内田良平）を包丁で刺し殺してしまう。そこに帰ってくる母親（市原悦子）。ところが彼女は順を責めることなく、逆に父親の死体を隠し、自分と二人で逃げようと順を唆す。いったんはその言葉に従おうとする順だったが、ケイ子のことで揉めて結局母親も刺し殺してしまう。

特徴的なのは、順は激高して罪を犯すわけではないことだ。内側に怒りがあるのは間違いないのだが、そこには「なんとなく」そうなってしまったという気配が満ちている。積もり積もったものがあってのことかもしれない。だがそれ以上に、明確な理由なく、こう言ってよければ呆気なく起こしてしまった印象を与える。語弊があるかもしれないが、事件そのものがどこか軽い。

そこには、監督である長谷川和彦の意図もあった。

長谷川によれば、『蛇淫』の骨格は主人公が淫乱な女によって身を滅ぼされたというもので、そのモチーフには長谷川自身あまり興味が湧かなかった。むしろ自己愛をベースに、計画性もなく、なし崩しに殺人を犯す話ならやれると考えた。長谷川は、「若い男のウロウロした悩みが結果として親殺しになるという、青春映画として描こう」と決めた（「『観ずに死ねるか！1970's⇒2010's傑作シネマ邦画編』出版記念特集上映会「青春の殺人者」トークレポート」）。

こうして映画のタイトルが示す通り、長谷川和彦は、青春映画としてこの作品を撮った。その意味において、この『青春の殺人者』は、事件の真実を突き止める目的で作られたジャーナリスティックな作品などではなく、ひとりのどこにでもいそうな若者の内面を描いたフィクションということになるだろう。

そのような意味においては、いうまでもなく「親殺し」は普遍的なものだ。ギリシャ悲劇『オイディプス王』など、「親殺し」は古代以来文学作品の主要モチーフのひとつであり続けている。そしてさらにさかのぼれば、その源流には各地で伝承される神話がある。

長谷川和彦もインタビューで明言しているように、『青春の殺人者』もそうした系譜に連なるものとして構想された（前掲ＤＶＤ特典インタビュー）。たとえば、繰り返し言及されるイチジクの実に込められた性的ニュアンスは「アダムとイブの神話」を連想させるものがあるし、最後近くに罪を犯した順が燃え盛る炎で自らを火あぶりにしようとするシーンにも同様の神話性は感じ取れる。

「ウロウロ」する魂

しかし、『青春の殺人者』という作品は、決して文芸作品ではない。その本来的価値は、むしろそうした文学性からも逸脱していくところにある。

文学的作品のモチーフである「親殺し」は通常、悲劇として回収される。たとえば、親を殺した子どもが運命のいたずらによって自分も子どもに殺されるというように。だがこの作品ではそうならない。自分を火あぶりにして命を絶とうとした順も、結局熱さに耐え切れず、逃げ出してしまう。その姿は情けなく、厳かな悲劇性からは最も遠いものだ。

そうなってしまうのは、そこに「甘えの構造」があるからだろう。

たとえば、順がケイ子とともに経営するスナックは自力で手に入れたものではなく、父親がお金を出して開業させてくれたものである。中学時代は委員長を務めるなど優等生だった順は、高校も進学校だったが、大学へは行かなかった。それは父親が学生運動の内ゲバのニュースを見て、大学受験をさせなかったからである。そして順は父親の意向に従い、その代わりにスナックを与えられた。

それに対し、母親は息子に対して優しい。だがその優しさは度を超えていて、それは息子を誰にも渡さず独占したいという欲望からきている。だから先述したように、順が父親を殺してしまったのを知っても、自首を勧めるどころか恋人のケイ子のこともあきらめさせてともに逃げようとする。

以前から順が、そうした両親の束縛から逃れようともがいていたことは、映画のなかに登場する、彼が高校生時代に仲間とともに自主制作した八ミリ映画からもうかがえる。

そのタイトルは「磔刑（はりつけ）」、サブタイトルが「家族帝国主義論 序説」。脚本、監督は順である。順の同級生のカップルがいて、ある日そのカップルの女子高生（演じるのは桃井かおり）がサングラスに白装束の怪しい集団に連れ去られる。それは、親や教師という順たちにとっての「敵」だ。十字架に磔にされた女子高生を助けに向かう順たち。そのうちのひとりはヘルメットを被り、いかにも学生運動風だ。そして無事救出したかと思いきや、結局怪しい集団に返り討ちにされてしまう。映画ではそこに、血染めの父母の姿がオーバーラップする。

順が犯した「親殺し」は、この八ミリ映画のような出口なき観念の世界から現実の世界へと順が一歩踏み出し、甘えの構図を断ち切る具体的行為という意味合いを持つだろう。そしてそのうえで順は、なにもかも捨てて逃げようとするのだ。

逃避行のパートナーとなるのは、ケイ子である。ケイ子は強い。精神的には順よりもずっと大人だ。二人の死体を目の当たりにしてもあまり狼狽《ろうばい》することもなく、順を手伝おうとする。そしてケイ子に励まされるように、順は海に死体を捨てる。

だがその一方で順は、その段階になってもまだ「ウロウロした悩み」に付きまとわれている。

たとえば、海を見て、父がアイスクリーム売りで生計を立て一家がまだ貧しかったにもかかわらず、平穏で幸福だった幼い頃を思い出し、涙ぐむ。あるいは、偶然警察の検問を受けることになり、殺人を犯したことを話し自首しようとするが、冗談に受け取られ取り合ってもらえない。

こうして順の魂は、落ち着く先も見つからぬまま「ウロウロ」し続ける。

順と亨

ここでひとつの仮説を提示したい。それは、『青春の殺人者』の順とは、彷徨する魂の持ち主という共通項において『傷だらけの天使』の亨の〝その後〟の姿ではないか、というものである。

すなわち順とは、兄貴であり、時には親のようでもある庇護者としての修のいない世界で生きることになってしまった亨である。親にも、そして恋人にも頼ることのできない（あるいは頼ろうとしない）順は、結局ひとりで生きる術を探すしかない。

それを「自立」といかにもポジティブに言ってしまうのは、この場合正確ではないだろう。順がひとりで生きるのはなんとなくそうせざるを得なくなったからであり、強い覚悟を伴ったものではない。だから「親殺し」という重大な罪を犯してしまった後も、「ウロウロ」はなくならない。むしろ「親殺し」自体が、「ウロウロ」の一部なのだ。

したがって、当然自立という意味では、順は失敗する。自立は、乗り越えるべき対象が明確になっていてこそ可能だ。そしてその対象は、親や年上のきょうだいのような身近な存在が往々にして選ばれる。だが、自らが依存してきたそのような存在を乗り越えることには少なからず軋轢や葛藤が伴う。ところが順は、「なんとなく」はずみのような感じで両親を殺してしまうのだ。

亨と順、二人を演じた俳優・水谷豊の演技でまず特筆すべきは、やはりまなざしの持つ力だ。特に若き日々の彼は、先ほどもふれた上目遣いの表情がとりわけ印象に残る。しかし、同じ上目遣いでも、『傷だらけの天使』と『青春の殺人者』ではそこに湛えられる表情のニュアンスが違っている。

亨の上目遣いは主として修に向けられる。そしてそこに浮かぶまなざしや表情は、修への甘えを表現している。だから修に説教されてむくれ反抗的になっても、いざ手伝いを頼まれればさっきまでの拗ねた様子はどこかへと消えてなくなり、嬉しそうに引き受けてしまうのだ。そのあたりは、水谷豊の俳優としての稀有な身体性に裏づけられた敏捷《びんしょう》さも相まって、亨は憎めないキャラクターとして見事に造形されている。

ところが、『青春の殺人者』の順の場合は異なる。彼の上目遣いは、反抗するにも誰に対して反抗していいのかわからず宙を彷徨《さまよ》っている表情に見える。亨は修の存在を支えにして根本では安堵しているようなのに対し、順はその上目遣いの表情が物語るように荒涼として虚無的だ。だから彼は、先ほどもふれたように、両親に愛されなにも考えずにいられた幼い頃の自分を追想することに自然に向かう。だがそれはいうまでもなく、現実逃避でしかない。

すなわち、「親殺し」までして結果的に順が到達したのは、自立からはほど遠い場所でしかなかった。それは、長谷川和彦の言葉を再び借りれば、他者のいない自己愛の世界である。自己愛の衣に身を包むことは、荒涼とした虚無感から自分を守るための方策であると同時に、世界の拒絶でもある。

無所属であるということ――「しらけ世代」が選んだもの

順の自立の失敗。そこには、彼に限ったことではなく、同時代の若者全般の置かれた状況がオーバーラップする。

『傷だらけの天使』が放送され、『青春の殺人者』が公開された一九七〇年代中盤は、若者が若者らしさを失ったと批判された時代だった。

東京大学安田講堂での攻防戦が象徴する「七〇年安保」、さらに一九七二年のあさま山荘事件があり、その後連合赤軍における凄惨な内ゲバの実態が明るみに出る、といった流れのなかで、それまで若者を中心に渦巻いていた世間の政治的熱気は一気に冷めることになった。そして続く世代の若者は、学生運動が盛んだった上の世代との対比のなかで「しらけ世代」と形容されるようになる。

それは同時に、高度経済成長が終わりを告げたタイミングでもあった。一九七一年のドルショック、そして一九七三年のオイルショックと続くなかで、敗戦からの復興を合言葉に始まり、国民に豊かさをもたらした約二〇年にわたる長い経済成長の時期も終わりを告げた。その意味でも、社会の高揚感は失われた。

「しらけ世代」とは、そんな〝祭りのあと〟に登場した若者たちである。狭義には一九五〇年代の後半生まれ、広義には一九五〇年代生まれを指す。つまり、一九五二年生まれの水谷豊も生まれた時期的にはそういうことになる。彼や彼女たちは、従来の若者のイメージからはほど遠く、「しらけ」の文字通り何事にも冷めているように見えた。その様子を指して、無気力、無関心、無責任の「三無主義」という表現もメディアを賑わせた。

だがそこには世代論の陥る常として、過度な単純化もある。実態としては、もっと屈折した複雑な部分もあった。

そのあたりの当時の雰囲気を語っているのが、自分自身「しらけ世代」である作家・坪内祐三である。

一九五八年生まれの坪内は、「シラケ世代（原文ママ）とは何事にもやる気を見せないシラケた人たちを意味するように思えるが、それは半面でしかない」と語る。「私たちシラケ世代は実は、本当にはシラケていなかった（シラケたふりをしていたのだ）。だからそのシラケが攻撃に転じることもあった」。たとえば、教師などがつまらないギャグやダジャレを口にすると、誰が先導したわけでもないのにいっせいに「シー、シー、シー、シー」と言い出し、それは相手の教師が怒り出そうが続いた、と坪内は回顧する（坪内祐三『昭和の子供だ君たちも』新潮社、二〇一四年、一八四―一八五頁）。

一見クールでありながら、内側には熱いものを秘めている。そしてその熱はなにかのきっかけで外に放たれ、見る者に忘れ難い印象を残す。それはそのまま『傷だらけの天使』の亨、そして『青春の殺人者』の順にも当てはまるはずだ。その意味では二人も、時代の子であった。なんの大きな目的もなく、社会を変えようという意識などは微塵もない。だが内側に得も言われぬ衝動は存在していて、時にそれが命知らずの行動となって表れる。

そして「しらけ世代」には、もうひとつの呼び名があった。「モラトリアム世代」である。「モラトリアム」とは元々支払猶予を意味する金融用語である。それがアメリカの発達心理学者であるE・H・エリクソンによって「大人になるための猶予期間」を意味する心理学用語に転用されて広まった。

日本では、心理学者・小此木《おこのぎ》啓吾がその概念を応用した論文「モラトリアム人間の時代」を発表して話題になった。翌年には書籍としてベストセラーにもなり、「モラトリアム」は一気に流行語になっていく。

モラトリアム人間の典型は、大学生である。大学は社会に出て一定の責任を果たすための専門教育を受ける場所のはずだが、そうではなく最後の遊ぶ日々を満喫する猶予を与えられる場所と認識されるようになった。その後一九八〇年代になると、そうした変質を受けて大学のレジャーランド化を嘆く論調も生まれた（竹内洋『教養主義の没落』中公新書、二〇〇三年）。

では、『青春の殺人者』の順はどうだろうか？

順もまた、「しらけ世代」、そして「モラトリアム世代」のひとりだ。先ほど検問をしていた警察に自首しようとするも取り合ってもらえない場面にふれたが、その検問は成田における空港建設をめぐる闘争が激しさを増したことを受けて敷かれたものだった。つまり、社会や国家はそうした運動を繰り広げる若者の存在は鋭く意識するが、「しらけ世代」「モラトリアム世代」の順の存在は放置する。

しかも順は、先述したように同世代の仲間と同じように大学に進学することを親から止められていた。すなわち、「モラトリアム世代」の仲間に入ることすら許されず、孤立していた。そしてスナックを開くも、それは父親に与えられたものであり、終始親からの監視の目が光っていて身動きがとれない。そして恋人のケイ子にも、真実か嘘かわからない言動でこころをかき乱され、振り回される。

そうしたなかで、結局順が選ぶことになるのは、親、そして恋人からも離れ、どのような共同体にも属さず無所属でいることである。「三無主義」が社会からのレッテルであるとすれば、それは自らが選んだ生きかただ。

たとえば、次のようなシーンはそれを象徴するものだろう。血染めになった順は着替え用の服を手に入れるため、繁華街へと赴く。ところが街は地元の祭りの真最中。法被姿のひとや見物するひとでごった返すなか、順は人混みの流れに逆らうようにひとり無表情で歩く。それを遠く離れたところからロングショットでとらえた映像が、順の異物感を際立たせる。

そして映画のラスト、順は燃え盛るスナックを背に、炎を見守るケイ子からも気づかれないようひっそりとその場を離れて歩き出す。そしてそのあたりに停まっていたトラックの荷台に飛び乗り、そのままいずことも知れず走り去っていく。荷台の上からこちらをずっと見ている順。最初はその表情をとらえようとずっと追いかけていたカメラも、そのうちあきらめる。遠ざかり、だんだん見えなくなっていくトラックと順……。

つまり、亨が実行しようとして未遂のまま終わってしまったロードムービーの主人公に順がなったところで、この映画は終わる。順、そして水谷豊の演じる若者は、どこへ向かったのだろうか？　その姿を私たちは、奇しくも「旅路」という言葉をタイトルの一部に持つドラマのなかで再び目撃することになる。

シリーズ方式ドラマの誕生――『男たちの旅路』

『青春の殺人者』が公開されたのと同じ一九七六年に始まったのが、テレビドラマ史上名作として評価の高い『山田太一シリーズ 男たちの旅路』である。

まず、「山田太一シリーズ」という表現が意味するものを説明しておく必要があるだろう。そこには、当時のテレビドラマに対する制作者の側の危機感があった。

テレビの連続ドラマは、映画などにはない形式である。映画にも加山雄三主演の「若大将」シリーズや渥美清主演の「寅さん」シリーズのようにシリーズ化されるものはあるが、連続ドラマのように毎週新作が見られるわけではない。また一方で、テレビには単発のドラマもある。その多くは長時間もので、時によっては映画に匹敵するようなスケール感の作品もある。

NHKで一九七五年に始まった「土曜ドラマ」の枠は、どちらでもない全く新しいタイプのドラマを目指したものだった。それは、この枠の立ち上げ責任者であったNHKプロデューサー（当時）の近藤晋《すすむ》が抱いていた、「この時期「連続ドラマ」は下降線にあり、かといって「単発ドラマ」も秀作が少ない」という危機感に発していた（近藤晋『プロデューサーの旅路』朝日新聞社、一九八五年、一五一頁）。

そこで「土曜ドラマ」が掲げたのが、短期シリーズ方式である。一回が七〇分以上で一話完結。それを三ないし四本放送してひとつのまとまったシリーズとする。近藤晋によれば、それは「連続」にはいささか飽き、「単発」では物足りず、かといって「二時間ドラマ」などなかった当時の視聴者の欲求に応える」ためであった（同書、一六三頁）。

次に近藤は、「作家第一主義」をコンセプトとした。ここで「作家」というのはドラマの原作を生む小説家も含むが、より本質的には脚本家のことであり、それによってドラマのオリジナリティを確立しようとしたのである。たとえば、NHKの看板ドラマである大河ドラマと連続テレビ小説の歴史をみると、少なくとも一九七〇年代中盤くらいまではオリジナル脚本ではなく原作のあるものが多数を占める。そうした当時の状況を踏まえ、近藤は「作家第一主義」を唱えたのである。そこにはまた、視聴率狙いで「スター第一主義」に傾きがちな民放ドラマと一線を画そうという意図もあった（同書、一六三頁）。

そうして誕生したのが、一九七六年に第一部が放送された『山田太一シリーズ 男たちの旅路』（以下、『男たちの旅路』と表記）だった。

脚本を担当したのは、いうまでもなく山田太一。山田は松竹で木下惠介のもと助監督を務めたのち一九六五年に脚本家として独立した。当時テレビドラマは、『ありがとう』シリーズ（TBSテレビ系、第一シリーズは一九七〇年放送）などホームドラマの全盛期。そのなかで山田は、一見平穏で幸福そうな家庭の内側に潜む不安や葛藤、ちょっとしたきっかけから生まれる家族崩壊の危機を繊細、かつリアルに描いた。『それぞれの秋』（TBSテレビ系、一九七三年放送）

や『岸辺のアルバム』（TBSテレビ系、一九七七年放送）などそうした一連のドラマは、新しいタイプのホームドラマとして高く評価された。

もちろん、山田太一はホームドラマに固執したわけではなく、大学生を主人公にした若者の群像劇『ふぞろいの林檎たち』シリーズ（TBSテレビ系、パートIは一九八三年放送）のような作品も手掛けている。また、一九八〇年にはNHK大河ドラマ『獅子の時代』の脚本を手掛けたこともある。その点、ひとつのジャンルに固執しているわけではない。

そうした作品ジャンルの違いを超えて、山田太一脚本の作品に共通する作劇上の特徴、それは異なる価値観の対峙である。

物語の運びかたの見事さもさることながら、山田太一の脚本ではいつも、複数の異なる立場の声が鳴り響く。たとえば家庭であれば親の立場と子の立場、夫の立場と妻の立場、職場であれば上司と部下の立場、というように。それらの声は、なにかのきっかけでしばしば対立し、激しくぶつかり合う。そしてそうした対峙関係がもたらす緊張感がピークに達したとき、ドラマもクライマックスを迎える。そのダイナミズムが、山田脚本の真骨頂である。

しかし、その衝突や対立は決して優劣をつけるためのものではない。ただひたすら徹底的に思いや考えを戦わせるためのものである。そして戦いの果てに、ドラマは静かに一筋の希望を感じさせて終わる。それは安易なハッピーエンドとは異質の、満ち足りた余韻を漂わせる。

「俺は――若い奴が嫌いだ」

そんな独特のダイナミズムは、『男たちの旅路』においてももちろん変わらない。いや、そうした異なる価値観の対峙が最も先鋭的に表れた山田作品のひとつと言っていいだろう。戦中世代と戦後世代という世代間の対峙、それが『男たちの旅路』全体を貫く構図だ。警備会社を舞台に起こるさまざまな出来事のなかで、二つの世代の考えかたの違いが随所で浮き彫りになり、そのなかで物語は展開していく。

当時放送前から大きな話題になったのが、鶴田浩二の出演だった。

戦後、「二枚目俳優」の代表として絶大な人気を誇った鶴田は、一九六〇年代になると一転して東映の任侠映画ブームの立役者になった。同時に歌手としてもヒット曲を出し、長年活躍。特に一九七〇年発売の「傷だらけの人生」は大ヒットとなった。だが、「古い奴だとお思いでしょうが」という語り出しのセリフから始まり、「何から何まで真っ暗闇よ　すじの通らぬことばかり」と歌う歌詞は任侠映画を彷彿とさせると当時のNHKに受け取られ、公共放送に好ましくないものとされた。そうした姿勢に対し怒った鶴田は、NHKへの出演を断固拒否するようになる。

その鶴田浩二がおよそ六年ぶりにNHKに出演することになったのである。その一番の理由は、鶴田本人の経歴を踏まえて当て書きされた山田太一の脚本があったからにほかならない。一九二四年生まれの鶴田浩二には、戦時中身近に接した特攻隊の仲間に対するきわめて深い思い入れがあった。山田太一は事前に本人から直接話を聞き、その内容をもとに鶴田が演じる吉岡晋太郎という人物を造形した。吉岡は五〇歳。警備会社の司令補として若い警備員たちを指導する立場にある。その姿勢は、妥協を許さぬ厳しいものだ。そして自らの戦争体験に照らしていまの若者のだらしなさを憂い、時に敵視さえする。

そうした吉岡に最も激しく反発するのが、水谷豊が演じる杉本陽平である。杉本はガードマンになったばかりで元々チャラチャラしたところもある典型的な今風の若者。そのため、いつも吉岡から特に厳しく注意される。だがその頭ごなしの説教臭い態度に逆に腹を立て、口答えをしてしまう。

つまり、戦中世代と戦後世代の対立というこの作品の基本構図を一方で担うのが鶴田浩二であり、もう一方を担うのが水谷豊だ。第一部では同世代の同僚として森田健作演じる柴田竜夫も登場するが、こちらは吉岡に反発心を抱きつつも物分かりの良い人物として描かれている。それに比べ、杉本陽平は、「これだから中年は」などと面と向かって言いつつ、吉岡の言うこと為すことにことごとく反発する。その際、ふと見せる水谷豊の野性味を帯びた眼光鋭い表情は、『傷だらけの天使』や『青春の殺人者』にもほとんどなかったもので、見ていてハッとさせられる。

それは、ある種喜びの表現だろう。『傷だらけの天使』の亨も、そして『青春の殺人者』の順も、世間から相手にされなかった。ところが吉岡は、時には上司と部下という形式的な関係性を超えてまでも、上の世代の代表として正面から陽平に対峙してくれる。陽平の眼の輝きは、初めて乗り越えるべき相手を目の前にした喜びにほかならない。

『傷だらけの天使』にも、戦中世代が登場する回があった（第四話）。だがそこで木暮修がとる行動は、杉本陽平とは対照的だ。

池部良演じる元軍人は、戦争中上官の強引な指令により全滅した部隊の唯一の生き残りだ。そのことを忘れていない彼は、悪事に手を染めながらいまものうのうと生きている元上官が許せず、自らの手で死んだ仲間の復讐をしようとする。その事情を知った修は何の関わりもないのに同情し、彼を手助けしようとする。つまり、対峙するのではなく共感するのである。

一方、吉岡と陽平の関係性はまったく異なる。先ほど述べたように、陽平にとって吉岡は、乗り越えるべき相手、いわば強敵として目の前にいてもらわなければ困る存在なのだ。

そんな陽平の思いがはっきり表れたのが、第一部第一話の最後の場面である。

入社したばかりの陽平は、ビルのガードマンとして吉岡のもと働くことになる。だが時間厳守を徹底し、言葉遣いをしつこく注意する吉岡のやりかたは、いかにも軍隊的なものであるように陽平には思え、事あるごとに反発してしまう。そこに彼らが警備中のビルで桃井かおり演じる島津悦子が自殺騒ぎを起こす。陽平は、吉岡が彼女を助けながらも、その後で激しく殴ったことを非難する。すると吉岡は、戦時中の特攻隊仲間のことを語ったうえで、こう胸中を吐露する。「俺は――若い奴が嫌いだ。自分でもどうしようもない。嫌いだ」「若い奴がチャラチャラ生き死にをもてあそぶような事を言うと、我慢がならん」と。それは、吉岡が陽平との決別を覚悟した本音のセリフだ。

だがここで陽平は、反発する姿勢は崩さないものの、こんな意外な言葉を発する。「いやだな。俺は――あんたが嫌いじゃないすよ。（…）中年にしちゃあ、歯ごたえがありそうなんでね」。このときから、世代差による価値観の違いをずっと抱えながらも、二人は少しずつ互いを認め合うようになっていく。

〝しらけてはいない「しらけ世代」〟の肖像

このドラマで水谷豊が演じる杉本陽平は、ガードマンという仕事に憧れを抱いていたわけではない。本人が第一部第一話で語るように、就職難で給料の良さに惹かれ、なんとなく選んだにすぎない。

劇中で具体的な年齢が語られるわけではないが、杉本陽平もまた「しらけ世代」のひとりだろう。「しらけている」という単語も何度か、彼を形容する言葉として向けられる。

先ほどもふれたが、「しらけ世代」は高度経済成長の終わりを学生時代に経験し、前の世代に比べて就職に苦労した世代でもあった。杉本陽平がガードマンを選んだ理由にも、そんな時代状況が反映されているだろう。要するに、彼は仕事の内容よりも報酬につられてガードマンになることを選んだ。動機としては現実的だが、場合によっては命の危険にさらされるような職業を選ぶ理由としては、軽いと言えば軽い。

俳優・水谷豊の特徴のひとつである身のこなしの抜群の軽さはガードマンという役柄にピッタリであるだけでなく、そんな陽平の人間としての軽さも言わず語らずのうちに表現している。駐車場の誘導をするにもまるでアクロバットのような動きで車を誘導したり、必要もないのにいきなり手すりを使ってスーッと階段を下りたりする動きは見事であると同時に、ふざけている感じもにじみ出る。それは、杉本陽平という人物の軽佻浮薄な面をごく自然に伝えてくれる。

しかし、杉本陽平は、ただ単に「しらけている」わけではない。先述の坪内祐三の言葉にあるように、陽平もまた、「本当にはシラケていなかった」。

たとえば、第一部第二話「路面電車」では、万引きを犯した女性の処遇をめぐり、陽平らは吉岡と激しく対立する。陽平は、女性が万引きをするに至った事情に同情し、見逃そうとする。だが吉岡は、どのような事情があろうと罪は罪であるとし、女性を警察に突き出してしまう。それに反発した陽平たちは、警備会社を辞めてしまう。

第三部第二話「墓場の島」でも同様だ。杉本陽平は、根津甚八演じる同年代の人気歌手・戸部竜作の警護を任されるうちに親しくなる。そしてその満たされない胸の内を知り、同情するようになる。戸部は、本来の自分とはかけ離れたイメージをマネージャーから強制され続けることに嫌気がさしていた。そして人気絶頂であるにもかかわらず、独断で引退を抜き打ち発表することを目論む。前もってその計画を聞かされた陽平も、それを知った吉岡からは黙ったまま行動に移すことを反対されながらも、大人の打算に反抗する戸部の行動を支持する。しかし戸部は、結局そうはせずに終わる。陽平は激しく落ち込む。

さらに杉本陽平は、恋愛においても試練にさらされる。悦子にかねて好意を抱いていた陽平は、第三部の最終話となる第三話「別離」において、彼女に思い切ってプロポーズをする。しかし悦子のこころは、すでに親子ほども年の離れた吉岡に向いていた。悦子のことを吉岡に相談していた陽平は裏切られたと感じ、激しく吉岡を詰る。

吉岡は、そうした非難を甘んじて受け入れ、実は不治の病にかかっていた悦子の看病に専念しようとする。会社内でも孤立してしまう吉岡。怒りと失望にとらわれながらも、どう二人に接してよいか複雑な思いにかられる陽平。そして悩み苦しんだ末に、悦子の治療に必要な献血への協力を申し出る。だが皆の必死の願いにもかかわらず、悦子は息を引き取る……。

『傷だらけの天使』の亨も、『青春の殺人者』の順もそうであったように、一九七〇年代に水谷豊が演じた若者たちはことごとく報われない。『男たちの旅路』でも、基本は変わらない。だが、乗り越えるべき壁として自分の前に立ちはだかる吉岡という存在によって、社会との関わり方についてであれ、あるいは恋愛についてであれ、陽平はこころの奥底にある「しらけていない」感情を素直に表に出すことができたのである。

「親」を生かす――俳優・水谷豊の自立

見方を変えて言えば、杉本陽平は吉岡と対峙し続けるなかで単なる上辺のものとは異なる信頼関係を築いていった。そしてそのなかで、陽平も少しずつではあるが確実に人間として変化し、成長していった。

『男たちの旅路』というドラマは、もちろん鶴田浩二の圧倒的な存在感に支えられた作品だが、タイトルの「男たち」が複数形であるように、その周囲にいる人間の生きかたを同時に描こうとした作品でもある。その中心的なひとりが、水谷豊が演じた杉本陽平であることは間違いない。

そんな「男たちの旅路」のたどりつく結末が描かれたと言えるのが、第四部第一話「流氷」である。

第三部の終わりで悦子を失った吉岡は、誰にも告げず警備会社を去り、いずこへともなく姿を消す。第四部は、それから一年半余り経ったところから始まる。いまも警備会社に勤める陽平は、社長の命を受けて吉岡を連れ戻すため、ハガキの消印だけを頼りに北海道の根室を訪れる。手掛かりも少なく途方に暮れる陽平。だが、苦労の末ようやく吉岡の居所を探し当てる。

吉岡は、居酒屋の皿洗いをして暮らしていた。住んでいる小さな古びたアパートを訪ねてみると、そこには毎晩酒を飲み無為に過ごす吉岡の姿があった。かつてとはあまりに変わり果てた姿に陽平は落胆し、なんとか東京へ一緒に帰ろうとする。しかし、まだこころの傷の癒えない吉岡は、首を縦に振らない。そのあまりに頑な態度に腹を立て、しまいにはあきらめかける陽平。

そして東京に戻る前日、陽平は意を決し、これだけは言おうと真剣に考えた言葉を吉岡に対してぶつける。

吉岡は、戦時中亡くなっていった特攻隊仲間と悦子を重ね合わせ、死者のことを忘却して「またぞろ、けろりと生きたくないのだ」と吐露する。だから誰も自分のことを知るひとのいない場所でひっそりと消えていきたいのだ、と。

すると陽平は、おもむろに「気に入らないね」と語り出す。帰ってくれなくてもちっともかまわない。しかし、それだと始末がつかないのではないか？「特攻隊で死んだ友達を忘れねえとかなんとか、散々格好いい事を言って、それだけで消えちまっていいんですか？」と彼は疑問を投げかけ、さらにこう続ける。

「戦争にはもっと嫌なことがあったと思うね。どうしようもねえなあ、と思ったこととか。そういう事いっぱいあったと思うね」「戦争に反対だなんて、とても言える空気じゃなかったって言ったね。大体反対だなんて思ってもいなかったって言った。いつ頃から、そういう風になって行ったか、俺はとっても聞きたいね。（…）そういう事、司令補まだ、なんにも言わねえじゃねえか」「そうじゃないとよ、俺たち、戦争ってエのは、本当のところ、それほどひどいもんじゃねえのかもしれない。案外、勇ましくて、いい事いっぱいあるのかもしれないなんて、思っちゃうよ」

こう徐々に昂《たかぶ》りを増すように、一気にまくし立てた陽平は、「それでもいいんですか？　俺は五〇代の人間には責任があると思うね」と締めくくる。

上司と部下として働いていた頃には一度も語ったことのないような整然とした、そして熱のこもった言葉をここで陽平は絞り出す。吉岡にいつも無責任で高をくくったような態度はやめろと叱られていた彼が、ここでは黙って自分の言葉を聞き入らせ、逆に責任をとることを吉岡に求める。そして実際その言葉は届き、吉岡は東京に戻ることを決意する。『青春の殺人者』の順とは違い、杉本陽平は精神的な「親」と言って過言ではない吉岡を殺すことなく、逆に見事に再生させたのである。

それは戦中派と戦後派という世代間の問題であると同時に、杉本陽平が大きく自立への一歩を踏み出した瞬間だったのではあるまいか。そしてこのこころに深く残る長ゼリフとともに俳優・水谷豊も自立し、その青春時代も終わりを告げたのではあるまいか。『傷だらけの天使』の亨も『青春の殺人者』の順もとらわれていた甘え、自己愛の構図からの脱却を果たしたのである。

上目遣いが終わるとき

この回の終わり、根室から離れるため列車に乗った吉岡は、陽平に向って突然流氷の話を始める。去年根室の地では、流氷にやられて何隻もの船が沈んだ、と。そしてポツリと言う、「迷惑な氷だが、美しい」。陽平はなぜいま流氷の話になったのかわからず、笑ってごまかすしかない。吉岡もそれ以上語ろうとしない。

ここで「流氷」とは、まず亡くなった悦子のことを指すのだろう。実際、この場面には悦子の回想シーンが入る。しかし「流氷」は、吉岡にとっての陽平のことでもあるのではないか？「迷惑だが、美しい」とは、わざわざ自分を連れ戻すため根室までやってきて、必死の表情で自分の責任を真正面から問うたこの青年のことでもあるはずだ。つまり、流氷の話は、彼に対する吉岡の最大限の感謝の言葉でもあったように思える。

そして、列車は走り出す。

すでに述べたように、『傷だらけの天使』の亨は修との旅に憧れつつそれを果たせず、『青春の殺人者』の順は最後、ひとり孤独にトラックの荷台に乗っていずこへとも知れぬ旅に出た。ここでも、陽平は旅に出る。だがいまは、吉岡という旅の道連れがいる。多くの「若者」を演じてきた俳優・水谷豊は、ようやくここでロードムービーの主役になることができたのである。

しかし、その旅も東京へ到着するまでのほんのわずかな時間のものでしかない。その終わりとともに、いったん陽平の、そして俳優・水谷豊の若き時代の「旅」も終わりを迎えるだろう。続く第二話では、もはや陽平はいない。その冒頭、陽平は姿さえ現さず会社に辞表を出す。吉岡に「これ以上のつき合いは、ベタベタしそうだから、消えます」という伝言を残して。

先述した第四部第一話の最後のシーンは、そんな「旅」の始まりと終わりを同時に暗示しているかのようだ。

走り出した列車のなか、向かいの席に座った陽平は、例の上目遣いで吉岡をじっと見つめている。繰り返すがそれは、一九七〇年代の水谷豊が演じた「若者」たち特有の、拗ねたような甘えの雰囲気、その一方で強烈な孤独を感じさせる哀感をたたえている。その表情に他の俳優にはない匂いを敏感にかぎ取った当時の若者たちは、そんな「水谷豊＝若者」に対して比類のない憧れと共感の念を抱いた。

だがこのとき、異変は起こる。アップになった陽平は吉岡から視線を離し、目を伏せるのである。そこに訪れる深い沈黙。そこにはまさに、吉岡との決別、そして先ほども述べた陽平の自立が象徴的に表現されている。この瞬間、俳優・水谷豊は、「若者のすべて」を演じ切ったことを無言のうちに、だが力強く宣言したのである。

では、ここから始まった彼の新たな道のりはどのようなものだったのか？　次章で詳しくたどってみることにしよう。

第3章

職業に生命を吹き込む

仕事としての俳優

水谷豊は時代の寵児になった

「ドル箱スター」という表現がある。「ドル箱」とは金庫のような意味合いで、そこから転じて多くの利益や収入をもたらすひとやものを指すようになった。「ドル箱スター」は、そこに「スター」が付いて、そうした芸能人、特に映画スターに対して使われることが多い。戦後日本であれば、石原裕次郎や高倉健、吉永小百合と言ったところだろうか。前章でふれた『男たちの旅路』の鶴田浩二なども、そのひとりだ。

俳優にとっての〝成功〟を一口で言い表すのは難しい。もちろん演技をすることが仕事なので、それを評価されることがまず重要だ。『青春の殺人者』でキネマ旬報主演男優賞を当時最年少で受賞した水谷豊にとっても、若くしてそのような高い評価を受けたことは俳優人生にとって大きな励みだったことだろう。

だが同作は、日本アート・シアター・ギルド、略称ＡＴＧの製作・配給だった。ＡＴＧは、その社名の通り芸術性を重んじた映画作りをモットーに、大手映画会社の商業主義とは異なる独自路線を貫いた映画会社であった。大島渚、今村昌平、神代《くましろ》辰巳などプロの映画監督に限らず、歌人・劇作家の寺山修司やテレビディレクターの田原総一朗など他分野の人材が撮る映画にも積極的に出資し、そうした顔ぶれの多彩さを特色とした作品群を製作・配給した。だが芸術性を重視した作品のほとんどは大衆向けではなく、したがって公開規模も大手映画会社に比べればはるかに小さかった。『青春の殺人者』も、公開当時は全国でわずか四館だったと言う（Wikipedia「青春の殺人者」の項。二〇二一年八月二六日閲覧）。必然的に、この時点では水谷豊も「ドル箱スター」の仲間入りとはいかなかった。

それではテレビでは違ったかというと、やはりそうでもなかった。『傷だらけの天使』は若者のあいだでカルト的な人気を博し、『男たちの旅路』はテレビ関連の大きな賞を獲得するなどそれぞれ高い支持や評価を受けたが、いわゆる高視聴率ドラマであったかと言えば違っていた。さらに水谷豊に関して言えば、両作品における彼は、注目は集めたものの、まだ印象的なバイプレーヤーのポジションにとどまっていた。

ところが、一九七〇年代後半になり、状況は一変する。『赤い激流』や『熱中時代』といった水谷豊の主演ドラマが相次いで作られ、高視聴率をあげるようになったのである。『熱中時代』の最終回などは四〇・〇％（ビデオリサーチ調べ。関東地区世帯視聴率。以下、特に断りのない場合はすべて同様）という驚異的な視聴率をあげ、社会現象にまでなった。さらに『熱中時代刑事編』では主演を務めるだけでなく、自ら歌った主題歌「カリフォルニア・コネクション」

が大ヒット。水谷豊はまさに〝時代の寵児〟になったのである。

『赤い激流』と『熱中時代』は、放送局も違えば、この後述べるようにドラマのテイストもまったくと言っていいほど異なる。しかし、ともに高い視聴率を記録した。であるとすれば、さまざまな要因があったにせよ、そこには少なからず水谷豊という俳優の魅力が寄与していたと言えるはずだ。平たく言えば、「水谷豊の出るドラマだから見る」という視聴者が、この頃からかなりの数存在するようになった。ではそうであるとして、それは水谷豊のどのような点に多くの視聴者が惹きつけられたのだろうか？　この章では、そうした問いを念頭に置きながら、一躍大衆の支持を得るようになった水谷豊の姿を跡づけてみたい。

「大映ドラマ」の過剰な世界

ちょっと見ただけで、「あ、○○のドラマだな」とわかる場合がある。いまで言えば宮藤官九郎の脚本であるとか、堤幸彦や福田雄一の演出であるとかはその代表格だろう。

一方、制作会社が一目でわかる個性を認知されていることは皆無なわけではないが、かなり珍しい。だがかつて大映テレビが制作した「大映ドラマ」は、間違いなくそんなドラマのひとつだった。

大映テレビは映画会社・大映のテレビ制作部門として設立され、後に大映の倒産に伴って独立した制作会社である。そうした経緯もあって、その作品には、経営上は別になったものの宇津井健など大映映画と関わりの深い俳優の出演も多かった。

大映ドラマの特徴を一言で表すとすれば、あらゆる意味においての過剰さである。設定、物語、演出、演技などすべての点において、ある意味おどろおどろしく現実離れしたドラマ性が大映ドラマにはあった。たとえば、愛し合った二人が実はきょうだいであるといった出生の秘密に絡むストーリー展開などは、大映ドラマの十八番である。演技面でもそうで、口調自体に強い圧を感じさせ、かつ普通なら言葉にしないようなあけすけなセリフのぶつかり合い、オーバーアクション気味な振る舞いなどが画面からはみ出すような勢いで繰り広げられた。

ところが一九八〇年代になると、そうした大映ドラマ的要素が〝笑えるもの〟という感覚が、視聴者のあいだに広く共有され始める。堀ちえみ主演の『スチュワーデス物語』（TBSテレビ系、一九八三年放送開始）などがきっかけになり、大映ドラマは、従来の過剰さを一種のボケととらえた視聴者がツッコミを入れながら見るものになった。

だがそれ以前はそうではなく、好みはあるにせよ、いま挙げたような特徴はそのまま視聴者を惹きつける魅力として受け取られていた。少なくとも、笑うために見るものではなかった。

山口百恵が数多く主演を務めた「赤いシリーズ」は、そうした一九七〇年代大映ドラマを代表する作品である。そこでも山口百恵は、しばしば出生の秘密を抱え、謎めいた怪しい人物の暗躍や運命のいたずらによって苦境の連続にさらされることになる。

たとえば、シリーズ第二作となる『赤い疑惑』(TBSテレビ系、一九七五年放送開始)を見てみよう。本作は、後に結婚する山口百恵と三浦友和がドラマで初共演した作品でもある。女子高生役の山口百恵は、父親の働く病院で放射能事故に遭い、白血病になってしまう。そして事故の際に彼女を助けてくれた三浦友和演じる医学生と恋仲になるのだが、実は彼女と彼は異母きょうだいであること、さらに育ててくれた両親も実の両親ではなかったことが判明する。だがそうしたことにもめげず、愛する彼に支えられながら、彼女は懸命に生き抜こうとする。

一九七五年一〇月から一九七六年四月まで全二九回にわたって放送されたこの『赤い疑惑』は、平均視聴率二三・四%、最高視聴率三〇・九%を記録するヒットとなり、「赤いシリーズ」の人気を決定づけることになった。

『赤い激流』が描いた師弟愛

ただ、「赤いシリーズ」全一〇作中、最高視聴率を記録したのは山口百恵の主演作ではなかった。視聴率面で「赤いシリーズ」のトップの座を占めたのは、宇津井健とともに水谷豊が主演を務めた『赤い激流』(TBSテレビ系、一九七七年放送)である。平均視聴率が二五・五%、最高視聴率は最終回の三七・二%という、きわめて高い数字を記録した。

ここで水谷豊が演じたのは、若きピアニスト・田代敏夫である。

敏夫は、場末の店でジャズピアノを弾いている青年。だが演奏を聴いた音楽大学のピアノ科の助教授・大沢武（宇津井健）がその才能に惚れ込み、自ら指導したいと敏夫に申し出る。そして有名音楽コンクールの優勝を目指し、マンツーマンでのクラシックピアノの特訓が始まる。

つまり、このドラマの核にあるのは、大沢と敏夫の師弟愛である。そのことを強調するために、次のような展開もあった。最初に大沢が敏夫の演奏を見に行った際、店のある雑居ビルで火事が起こる。逃げ遅れそうになった敏夫を必死で助ける大沢。だがそのとき腕を痛めてしまい、ピアニストとしては致命的な怪我をしてしまう。それによって、大沢は自分の果たせぬ夢を敏夫に託すようになる。

二人を見る周囲の目は厳しい。同じピアノでも、ジャズとクラシックではまったく異なる。しかも大沢は、自身が勤務する音楽大学の創立者一族の一員。学長である義父を筆頭に、一族の人間たちの多くは、才能以前に敏夫の素性に深い疑念を抱いている。一方敏夫のほうも、劇中で「じゃじゃ馬」「一匹狼」と呼ばれているように、はぐれ者気質。元々、そうした権威に唯々諾々と従うような人間ではなく、いつも反発心むき出しだ。大沢は、そんな水と油のような両者の板挟みになる。だがそれでも心底から敏夫の才能を信じる彼は、敏夫を一流のピアニストにすることに人生をかける。

こうしたわかりやすい構図とメリハリの効いた展開は、いかにも大映ドラマらしい。だからこそ、先述したような大映テイストの過剰すぎるほどの演技も活きる。宇津井健をはじめとして、石立鉄男、前田吟ら「赤いシリーズ」でもおなじみの俳優たちが、まるで肉体ごとぶつかり合うように激しく演じ、躍動する。

そしてそうした作品全体の熱量が頂点に達するのは、いうまでもなく敏夫によるピアノ演奏のシーンである。それは、周囲の冷たい視線や無理解に負けることなく大沢と敏夫が深めた師弟関係の結晶だからである。実際、クライマックスとなる音楽コンクールでの、すべての感情をぶつけ、ほとばしらせる、タイトル通りまさに「激流」のような水谷豊本人による演奏シーンは出色だ。この印象深い場面で、「英雄ポロネーズ」「ラ・カンパネラ」などの曲を聞き覚えたという当時の視聴者も少なくないはずだ。

「親殺し」のモチーフ再び

一方『赤い激流』には、法廷劇の側面もある。そのドラマチックな展開が、視聴者を釘付けにしたもうひとつの大きな要因でもあった。

敏夫の父親は、かつて天才と呼ばれたピアニスト（緒形拳）だが、すでに亡くなっていた。ところが、実は父親が外国で生きていたことがわかる。しかし帰国した父親は、何者かに殺され、その犯人としてなんと敏夫が逮捕されてしまうのである。しかも状況証拠は敏夫に不利なものばかり。そして裁判は進み、彼は死刑判決を受けてしまう。

だが大沢は、ひとり無実を信じ、なんとか敏夫への疑いを晴らそうと奔走する。そして謎が謎を呼ぶ展開の末に、ようやく大沢の努力は報われ、敏夫は冤罪であることがわかる。無罪放免となった敏夫は無事音楽コンクールに出場し、優勝。海外へと旅立つ。

ここで興味深いのは、やはり「親殺し」というモチーフである。前章でもふれたように、『青春の殺人者』においても水谷豊は、親を殺してしまう青年を演じた。この『赤い激流』で彼は、再び「親殺し」の物語の主人公を演じたことになる。

もちろんいま述べたように、『赤い激流』では、水谷豊演じる田代敏夫は、実際には親を殺してはいない。しかし、そのまま行けば、「親殺し」の罪を着せられたまま死刑になっていただろう。

それを救ったのは、大沢武だった。実は大沢は、敏夫の母・弓子（松尾嘉代）と結婚している。つまり、敏夫は大沢という「新しい父親」によって救われる。『青春の殺人者』の斉木順は、自ら父親を殺すことによって〝父の不在〟をつくりだし、そのことによってラストシーンが示すようにひとり放浪の旅を続けることを選んだ。だが『赤い衝撃』では、「新しい父親」の献身的な助力によって、敏夫は自らの落ち着くべき居場所を発見するのである。

ただしこの『赤い激流』で強調されているのは、ストレートな家族愛ではない。晴れて無実となり、最後の最後に敏夫が大沢を初めて「お父さん」と呼ぶところは、確かに感動的な場面だ。だが、根本的にこの父子をつないでいるのはやはりピアノであり、それを仲立ちにした師弟愛である。親殺しの疑いをかけられ、死刑判決まで受けても敏夫がくじけなかったのは、ピアニストになることへの情熱、そしてそれを支えてくれる大沢の存在があったからだ。

要するに、ここで水谷豊は、天職とも呼べる職業に出会う役柄を演じている。それまで彼が演じてきた若者は、職業というものに対する意識が希薄だった。学園ドラマの生徒はいうまでもないが、『傷だらけの天使』の亨は探偵とは名ばかりの浮草のような暮らしをしていた。『青春の殺人者』の斉木順が経営していたスナックにしても、それはぶらぶらしている息子を見て父親の出してくれたお金で開いたものであったし、『男たちの旅路』の杉本陽平も給料の良さに惹かれてガードマンになったにすぎなかった。

それに対し、『赤い激流』は、職業に関してそうした若者たちの一歩先を描いていると言える。敏夫は、天職と呼べるピアニストという職業に出会い、父親にも似た理解ある師の指導のもと成長していく。

このような〝職業のなかにおける成長〟という、多くの視聴者にとって共感可能なモチーフこそが、俳優・水谷豊を国民的人気者に押し上げた基本的な要因だった。実際、『赤い激流』の翌年に放送され、彼の人気を決定づけた『熱中時代』（日本テレビ系、一九七八年放送開始）は、まさにそのような職業ドラマであった。

「水谷豊ショー」を狙った『熱中時代』

その点について詳しく述べる前に、まずは『熱中時代』がどのようなドラマだったかを振り返っておこう。

『熱中時代』は、いまでもよくさまざまな場面で回顧されるドラマである。その大きな理由は、先述したように、最終回に記録された四〇・〇％という驚異的な視聴率にある。全話の平均視聴率でも、二七・〇％とやはり高い。とはいえ、第一話の視聴率は一二・二％と、それほど高いものではなかった。だが次第に一〇％台から二〇％台に上昇し、終盤は三〇％を超えることも珍しくなくなった。

そうした推移の背景には、水谷豊の役柄がそれまでの出演作とはかけ離れていたことに、視聴者が当初戸惑ったことがあったかもしれない。水谷豊が演じたのは、小学三年生のクラスを受け持つ実直な新米教師・北野広大。それ以前の『傷だらけの天使』などでのアウトロー的なイメージ（それは、『赤い激流』でもまだ残っていた）とは、大きなギャップがあった。

企画・演出を担当した日本テレビ（当時）の田中知己によれば、『熱中時代』は、学園ドラマをやることが事前に決まっていたのではなく、まず水谷豊ありきの企画だった。ブレークはしたものの、〝印象的な二番手〟というイメージがついてしまったため、「主役しかやらない」

と彼は心を決めるようになっていたという。その意を受けた田中がやろうとしたのは、「水谷豊ショー」だった（『熱中時代』DVD-BOX特典映像）。

したがって、学園ドラマをやるのが最初から前提だったわけではない。田中知己は、水谷豊を主演にした企画をいくつか考えた。そのなかのひとつに挙がっていたのが、水谷豊と小学生を中心にしたドラマのアイデアだったのである。

ただ、局側は、そのアイデアに難色を示した。当時小学校を舞台にしたドラマというのはあまりなく、小学校の教師が主演のドラマなど地味すぎると猛反対された（『テレビジョンドラマ』一九八八年一一月号、一五頁）。しかし、この挑戦は見事に実を結び、『熱中時代』は、テレビ史に残る成功を収めることになる。

なぜ、『熱中時代』は成功したのか？

では、『熱中時代』の成功の理由は、どこにあったのだろうか？

まずは当然ながら、作品自体の魅力があるだろう。小学校を舞台にしたドラマの先例がないということは、逆に言えば新鮮さにつながる。しかもこの作品では、子どもたちはただ単に無垢であるとか純粋であるとかではなく、それぞれの家庭環境や置かれた境遇のなかでさまざまなことを敏感に受け止め、一生懸命に考えるひとりの人間として描かれていた。毎回、クラスの一人ひとりの生徒がフィーチャーされ、その生徒が抱く悩みや願いがじっくりと丁寧に描かれた。

第6章で改めてふれるが、そうしたスタイルは、学園ドラマの歴史においても画期的なものだった。従来の学園ドラマには、ヒーロー的な役回りの熱血教師が主役、生徒は不良的存在の数人が目立つだけ、というものが圧倒的に多かった。『熱中時代』のように、すべての生徒を対等に扱う学園ドラマ、いわば生徒一人ひとりの顔がはっきりわかるドラマは、それまでなかったと言っていい。

そしてそのなかで、水谷豊演じる北野広大は、大人の常識にとらわれることなく、一人ひとりの子どもたちと同じ高さの目線で正面から向き合い、徹底して寄り添う。

たとえば、第一五話「熱中先生と不思議な少女」は、そんな教師・北野広大の姿を象徴する回のひとつだ。

広大のクラスのひとりの女子生徒が、授業中もずっと左腕を折り曲げて身体に密着させている。怪我でもしたのかと広大は心配するが、なぜなのか理由を聞いても答えない。すると学校に相談にやってきた生徒の母親が、脇の下に卵を抱いて孵《かえ》らせようとしているのだと言う。もう二〇日以上風呂に入っていないし、「人間が卵を孵せるわけがない」と諭しても、女子生徒は聞き入れようとしないのだと。

こんなときは、親が言うような大人の常識に従って、生徒を説得してやめさせようとするのが普通かもしれない。だが北野広大は、そうしない。お風呂に入らせるために、代わりに一日だけ自分が温めることを女子生徒に提案する。それを知った周囲の先生たちも、女子生徒にあきらめさせるよう勧めるが、広大は応じない。そして誰もが孵ることなどありえないと思った矢先、雛が生まれる。そしてその雛は、クラス全員で育てることになる。

他方、教師を中心とした大人たちの関係性の描写にも時間が割かれ、学園ドラマの枠を超えた面白さがあるのもこのドラマの魅力だ。

赴任早々、北野広大が暮らし始めるのは、船越英二演じる校長の天城順三郎の家である。そこには広大以外にも、同僚の先生など教師を生業とする人たちが同じひとつ屋根の下で下宿生活をしている。みな起居を共にし、他人同士でありながら和気藹々《あいあい》とした様子はまるで本当の家族のようだ。

そのことを象徴するのが、劇中で頻繁に登場する、校長とその家族、そして下宿する教師たちが大きなテーブルを囲んで食事をする場面である。その背景には、同じ一九七〇年代にホームドラマが全盛期を迎えたということがあり、『熱中時代』の食事場面の団欒とした雰囲気は、当時の視聴者には好ましいものとして映ったはずだ。しかも血縁だけで結ばれているのではない〝家族〟のありかたを提示した点には、新しさもあった。

そして、下宿生活仲間であり同僚の小糸桃子（志穂美悦子）と北野広大の淡い恋愛模様も、この作品にひと味加える魅力的な要素だった。

たとえば、第五話「ぼくの先生はフィーバー」では、二人がディスコを訪れ、息の合ったダンスを披露する場面も登場する。ちょうど当時、ジョン・トラボルタ主演の映画『サタデー・ナイト・フィーバー』(一九七七年公開)の世界的大ヒットにより、ディスコブームが日本でも巻き起こっていた。ともにアクションを得意とする二人らしく、水谷豊と志穂美悦子は、華麗な動きのペアダンスを見せて私たちを楽しませてくれる。物語とは直接無関係なこのシーンは、「水谷豊ショー」の片鱗が出た場面とも言えるだろう。

ただ、これらの面が作品に彩りを添えていたにせよ、最終的にこの作品の魅力の中心となったのは、やはり広大と子どもたちの交流する姿だった。毎回登場する授業の場面では、小道具などを使って工夫を凝らした北野先生の授業、そしてそれに対する子どもたちのビビッドな反応もあり、どこかに実在する小学校の授業をのぞき見しているようなライブ感がある。

そしてそのように培われた両者の関係性の集大成とも言えるのが、最終話「さようなら熱中先生」だろう。終業式の日、広大は家庭の事情で郷里の北海道に帰らなければならなくなったことを生徒たちに告げる。突然のことに驚き、涙ながらに「やめないで」と訴える生徒たち。そして広大は、一人ひとりにまつわる思い出を語りながら、全員に通信簿を渡していく。それまでの学園ドラマであれば、全員分を放送することはなく、主だった何人かの生徒だけのダイジェストで済ませていてもおかしくない。だがすべての生徒を対等に扱う『熱中時代』は、そうしなかった(前掲DVD-BOX特典映像)。二〇分以上に及ぶこの別れのシーンには、演技を超えた「先生と生徒」の関係性を彷彿とさせるものがあった。

水谷豊、テレビスターになる――先生役に生命を吹き込む

その根底には、役作りにかける水谷豊の俳優としての情熱があった。

このドラマに出演するにあたり、水谷豊は、「本物の教師になってみよう」と決意したという。自分を本物の教師のように生徒役の子どもたちに思ってもらえるようになれば、収録現場も「本当の教室」になるだろう。そう彼は考えたのである（『SmaSTATION』二〇〇八年四月二六日放送）。

こんなエピソードがある。『熱中時代』を収録していたある日のスタジオでのこと。生徒役の女の子二人が水谷豊のもとにやってきて、別のスタジオにいる芸能人に会いたいので一緒に行ってほしいと頼み込んできた。本番前なので断ると、その女の子は「先生は、芸能人に会いたくないんですか」と真面目に言ったという（前掲DVD－BOX特典映像）。

「本物の教師」になるため、水谷豊がモデルにしたのは、彼自身が幼い頃に出会った実在の教師だった。水谷豊が北海道出身であることはすでに述べた。ちょうど北野広大が同じ北海道出身という設定になり、水谷本人が大好きだったその先生をモデルにすることを提案したのである。生徒に呼びかける際の「〇〇だなー」といった独特の語尾とイントネーションを伴った

口調も、その先生の口調をそっくりお手本にしたものだった（同番組）。

役を演じるにあたって、実在の誰かをモデルにするのは特に珍しいことではないだろう。だがこの北野広大役の場合は、そのモデルが水谷豊自身の人生経験と重なっているところが重要だ。

第1章でもふれたが、子役時代の『バンパイヤ』出演を振り返りながら、水谷豊は自らの演技観をこう語っていた。「芝居というものは、演じる側の生き様がそれを意識しないときに表れてくるものです。（…）その意味で僕が役者を続けてきて思うのは、役者とは、ある役どころにトライするのではなく、常に自分にトライするということ――その役が政治家であれ、銀行マンであれ、刑事であれ、犯罪者であれ、その役柄にいかに自分が興味を持って立ち向かえるかということが、演じることの出発点になるということです」（手塚治虫『バンパイヤ①』秋田文庫、三〇九―三一〇頁）。

俳優という職業において、役と演じる本人は、切り離せない。むしろ、役柄のなかに本人の生き様が自然ににじみ出るような演技をすること。それが俳優（役者）ではないか、と水谷豊は実体験を踏まえて語る。『傷だらけの天使』で共演し、彼が敬愛する俳優・岸田森から言われた「豊には見ている人にその役が素だと思わせるような役者になってほしい」という言葉をずっと大切にしているという話もまた、同様だろう（Wikipedia「水谷豊」の項。二〇二一年八月二六日閲覧）。

『熱中時代』の先生役は、そうした演技観に従い、水谷豊が自らの学校での体験のエッセンスを注ぎ込むことによって、生命を吹き込まれたものだった。だからこそ、生徒たちは、北野広大という役のなかに「本物の教師」を感じたのである。そして「北野広大＝水谷豊」の魅力は、画面を通じて視聴者それぞれが持つ小学校時代の教師の記憶とも共鳴し合って世間へと浸透していったのではないだろうか。そうして、水谷豊は、役を演じつつも自分自身の人間的魅力を視聴者に強烈に印象づけることに成功した。そのとき彼は、単なる人気俳優という次元を超えて、稀代のテレビスターと言える存在へと跳躍したのである。

親代わりになること――『熱中時代 教師編 Part2』が描いた成長

そして一九八〇年、続編にあたる『熱中時代 教師編 Part2』がスタートする。実は一九七八年版の最初のシリーズの正式タイトルには、「教師編」や「Part1」といった文言はない。つまり、当初シリーズ化の意図はなかった。それだけ一九七八年版の成功が予想を超えていたということであろう。このパート2も、人気に衰えは見えず、平均視聴率二七・八％、最高視聴率三四・一％という高い数字を記録した。

教師編パート2は、先述のように家庭の事情で北海道の実家に帰っていた北野広大の元を、一年後に天城順三郎が尋ねるところから始まる。二年生の担任に欠員が生じたため、広大に教職への復帰を持ち掛けるためだった。だが意外にも広大は、その誘いにすぐには応じなかった。というのも、広大には気掛かりな子どもがいたからだ。

その子どもの名は、川瀬みね子（二階堂千寿）。小学五年生のみね子は両親を亡くして伯母の家に引き取られていたが、不登校になり、心を閉ざしてしまっていた。しかし広大にだけは心を許したため、特別に勉強などの面倒をみていたのである。みね子を置いて東京に行くことをためらう広大。だが悩んだ末に、彼は教壇への復帰を決意する。そしてその後、みね子は伯母の結婚とともに広大を頼ってひとりで上京。結局、天城校長宅で広大と同居しながら、同じ小学校に編入して通うことになる。

みね子は、北野広大というひとりの教師の成長にとって重要な存在である。なぜなら、彼女の登場によって、広大は、〝親〟になるからだ。

『熱中時代』の教師編では、北野広大には天城順三郎という親代わりとなる存在がいる。いわば天城は、広大が暮らす一家の主であると同時に教師としてのお手本となる〝社会的父親〟である。その存在は、母親の再婚相手であり、ピアノの師でもあった『赤い激流』の大沢武にも重なる。

ところがこの教師編パート2では、今度は北野広大がみね子の親代わりとなる。彼女を思う気持ちのあまり、時には本人、そして天城順三郎とさえも衝突しながら、広大はみね子との絆を次第に強めていく。つまり、彼は、社会的父親によって「守られる側」から社会的父親として「守る側」へと自らの立場をシフトしていく。
そしてそのことは、教師という職業に対する広大の自覚をいっそう明確なものにする。教師編パート2の最後で、広大は大きな決断をする。小笠原諸島にある離島の小学校。生徒は全学年で一四名、先生は一名だけという小さな学校だ。そこに勤めていた先生が、家庭の事情で島を離れなければならなくなったという。天城は、先生たちを集め、教育委員会からの依頼として、その小学校に赴任する先生を募る。だが、急な話で誰も名乗り出る者はいない。その後、一年だけなら、という条件で別の学校の先生が承諾したことがわかり、一件落着となったかに見えた。

しかし、北野広大は、一年程度では子どもたちのことを十分に理解できないまま終わってしまうのではないかと、心配する気持ちをその日の天城家の夕食の際にふと漏らす。そう言いながら、昼間学校で自分が名乗り出なかったことを指摘されて黙ってしまう広大。折しも、天城夫妻から、みね子を自分たちの養女にしたいという話が持ち上がる。そして一晩考え抜いた広大は、翌朝天城に、自分がその学校に行き、少なくとも六年間勤めたいと申し出る。

実は、この布石になるような場面が、第三三話「雪国の熱中先生」のなかにあった。
広大の最初の教え子で、家庭の都合で山形に引っ越した女子生徒がいる。その生徒に最近元気がないことを人づてに聞いた広大は、山形まで彼女に会いに行く。すると彼女は、寂しさのあまり東京に戻りたいと訴える。すると広大は、「地球儀見たことあるな?」と語り出す。そして「人間はどこにでも住める。で、どこに住んでてもなー、家族がいたり、友だちがいれば、幸せになれる」。だから、「辛抱して、お父さんとお母さん、助けてやらないか?」と彼女を諭す。

誰しもひとりで幸せになれるわけではない。そこに家族や友だちがいるから、ひとは幸せになれる。そして社会的父親としてそのことを伝え、子どもたちの幸せへの手助けをするのが教師の役割である。また、その手助けを必要とする子どもがいるのであれば、どこにでも行くのが教師だ。こうして広大は、いまの良き生徒、良き同僚、そして良き師に恵まれた環境を捨ててでも、教師という職業を全うすることを選ぶのである。

そこには、一九七〇年代のアウトロー的な若者や不良役を演じ続けてきた水谷豊の面影が残っていると見ることもできる。北野広大は、ひとつの場所にとどまらず、旅を続ける存在であるともとれるからである。ただしそれは、教師として自分を必要とする子どもたちが待っているところを目指す旅である点において、やはりそれまでの役柄とは異なる。北野広大にとって、たとえかりそめにせよ、その場所が彼にとっての定住する場所になる。言い換えれば、北野広大の場合は、コミュニティや社会との接点が常にそこにある。

ポップな刑事ドラマ、『熱中時代 刑事編』

ところで、「熱中時代」というタイトルが付いた作品は、教師編だけではない。順番で言うと、ここまでみてきた二つの「教師編」のあいだの一九七九年に、『熱中時代 刑事編』が放送されている。草笛光子、小松方正など出演俳優が重なっているところはあるものの、人物設定も物語もまったく別物である。さらには、次章でもふれるが、『水谷教授の華麗な冒険』(一九八〇年放送)という、これも教師編とは無関係の、アクションもののスペシャルドラマも『熱中時代』シリーズのひとつとして作られた。このあたりは、『熱中時代』がそもそも「水谷豊ショー」を企図したものであったことを改めて思い起こさせる。

そういう意味で言うと、『熱中時代 刑事編』は、教師編よりもいっそう「水谷豊ショー」の色彩が濃い。

水谷豊が演じるのは、大門署捜査一係の刑事・早野武。交通課から配属されたばかりの新米刑事だ。警察官一家に育った熱血漢の彼は、失敗もありながら、刑事としての自覚、職業的な使命感に次第に目覚めていく。

その意味では、『熱中時代』の教師編と同様、そこには職業ドラマとしての側面がある。しかし、教師編もまたそうであったように、ホームドラマとしての側面もある。

初回、捜査をするなかで、武はひとりのアメリカ人女性、ミッキー・フランクリン（ミッキー・マッケンジー）と出会う。事件に巻き込まれた彼女を武が警護するうちに二人は恋に落ち、やがて結婚する（実生活でも、一九八二年に水谷豊はミッキー・マッケンジーと結婚したが、一九八六年に離婚）。この作品では、下宿先である大家の一家も絡み、そんな二人の新婚生活がコミカルに描かれる。

実際、刑事ドラマとしても、この作品にあまり重々しいところはない。むしろ徹底して明るい。

たとえば、劇中で定番になっていた〝コスプレ〟を見れば、その点はわかりやすいだろう。捜査一係の刑事たちは、早野武を筆頭にしばしば珍妙な変装をして現場に張り込み、その格好のままアクションシーンを繰り広げる。そしてそこで飛び出すのも、なぜかプロレス技であったりする。刑事ドラマにおいて、犯人逮捕のシーンは一番の見せ所。そういうところにもコミカルさを盛り込むのが、この作品の流儀である。しみじみとした場面もないではないが、基本はいつもそのように笑いを交えつつ軽快なテンポで物語は進んでいく。「ゴキゲンだぜ！」は、早野武の口癖だ。

つまり一言で言えば、『熱中時代 刑事編』は、「ポップな刑事ドラマ」だった。リアリティよりは、エンタメ性を重視した刑事ドラマである。印象的なオープニング映像などは、そのポップさを凝縮したものだ。

スリーピースにハット、それにおしゃれな丸眼鏡で決めた水谷豊が、陽炎のゆらめく道路をこちらへ歩いてくる。電話ボックスから電話をかけ、拳銃を撃つ構えを見せたかと思えば、警棒でのアクションシーン、そして自分に手錠をかけてしまうという、クスっと笑えるようなひとり芝居を繰り広げる。そして最後は、黄色のスバル360に乗って走り出すものの、ドアが閉まらず悪戦苦闘する。

ここでは、いつもジャージ姿だった教師編の姿からは一変した、コミカルななかにもスタイリッシュでかっこいい水谷豊が強調されている。劇中の髪型も、左右どちらから見ても七三分けに見える独特の「熱中カット」。おしゃれななかに、遊び心が感じられる。

「カリフォルニア・コネクション」と歌手・水谷豊

このように、『熱中時代 刑事編』には、教師編の記録的な成功を受けて、俳優・水谷豊が時代の先端を行くアイコン的存在へと変貌していく様子が刻み込まれている。そしてその端的な証しが、歌手・水谷豊の成功である。

いまふれたオープニング映像のバックに流れるのが、水谷豊本人の歌う主題歌「カリフォルニア・コネクション」だ。作詞は阿木燿子で、作曲は平尾昌晃。発売は一九七九年四月だった。オリコン週間シングルチャートで三位を記録、当時の人気音楽ランキング番組『ザ・ベストテン』（ＴＢＳテレビ系）では四週連続一位を獲得する大ヒットとなり、一躍「歌手・水谷豊」の存在を世に知らしめた。

タイトルは、アカデミー賞作品賞を受賞したジーン・ハックマン主演の同じ刑事もの『フレンチ・コネクション』（一九七一年公開）を連想させるが、詞の内容は爽やかなラブソング。「カリフォルニア」は愛し合う二人のまだ見ぬ憧れの地として歌われていて、アメリカ人・ミッキーとの出会い、そして結婚という劇中の展開とオーバーラップする。

水谷豊の歌手デビューは、一九七七年発売の「はーばーらいと」。作詞は松本隆、作曲は井上陽水だった。その後、「表参道軟派ストリート」「故郷フィーリング」（ともに一九七八年発売）などを経て、五枚目のシングルとしてリリースされたのが、「カリフォルニア・コネクション」だった。以降も、『熱中時代 教師編 Part2』の「やさしさ紙芝居」（一九八〇年発売）や『事件記者チャボ！』（日本テレビ系、一九八三年放送開始）の「何んて優しい時代」（一九八二年発売。この曲は、水谷豊自身による作詞・作曲である）など、出演作の主題歌を中心に歌手活動を続けた。二〇〇八年には『ＮＨＫ紅白歌合戦』に初出場し、「カリフォルニア・コネクション」を歌った。

水谷豊は、〝歌う俳優〟の系譜に属するひとりである。かつて一九五〇年代から六〇年代の石原裕次郎や加山雄三がそうであったように、主演俳優が主題歌や挿入歌を歌うのは、映画全盛期のひとつの定番だった。一九七〇年代、映画からテレビへと国民の娯楽の中心が移るなかで、水谷豊は、そうした〝歌う俳優〟の伝統を受け継いだことになる。

一般的には、学園ドラマの真面目な教師役から刑事ドラマのコミカルな刑事役への一八〇度と言ってもいい役柄の転換は、大胆な挑戦ということになるだろう。しかし、それはあくまでドラマジャンルや人物設定の面から見た意外性であり、『熱中時代』シリーズが「水谷豊ショー」であったことをいま一度思い出すなら、刑事編の役柄や作風は、教師編で一躍スターとなった水谷豊本人の大衆的な魅力をさらに世間に広めるという点で必然的な選択であったとも言える。そしてその目論見は成功した。『熱中時代 刑事編』は、ここでも平均視聴率二四・二%、最高視聴率三二・二%を記録するヒット作となる。

『相棒』へ

第6章でも改めてふれるが、水谷豊が刑事役を演じたのは、『夜明けの刑事』(TBSテレビ系、一九七四年放送開始)に続いて、これが二度目のことだった。『夜明けの刑事』で演じたのは、主演の坂上二郎の人情派刑事に対し、正義感あふれる若手刑事・山本宏。ただ、登場は途中からで、出演も一年に満たなかった。その意味で、水谷豊の刑事役の本格的な出発点は、この『熱中時代 刑事編』であると言うことができる。

一九八〇年代以降、水谷豊は、現在の妻である伊藤蘭との出会いにもなった『あんちゃん』

（日本テレビ系、一九八二年放送開始）の住職役なども演じたが、『事件記者チャボ！』、『気分は名探偵』（日本テレビ系、一九八四年放送開始）、『ハロー！グッバイ』（日本テレビ系、一九八九年放送）、『ザ・刑事』（テレビ朝日系、一九九〇年放送）、『刑事貴族』シリーズ（日本テレビ系、一九九〇年放送開始。水谷豊の出演はパート2から）など、刑事役、あるいはそれに近い新聞記者役や探偵役が多くなる。

そしてそうした作品群のひとつに、一九八七年にスタートした『浅見光彦ミステリー』シリーズがあった。西村京太郎の人気小説のドラマ化で、水谷豊は、ルポライターでありながら、卓抜した推理力で旅先に起こる難事件を次々と解決する主人公の名探偵・浅見光彦役である。放送枠は、日本テレビの「火曜サスペンス劇場」。つまり、二時間ドラマだった。この頃から、水谷豊は二時間ドラマへの出演がぐんと増え始め、その常連となっていく。そして知る人ぞ知るように、そのことが、ドラマ『相棒』の誕生へとつながっていくのである。

では、実際、どのようにして『相棒』という作品は生まれたのか？　そしてなぜ『相棒』は、テレビドラマ史に残る長寿人気シリーズになり得たのか？　次章では、そのあたりに話を進めることにしたい。

第4章 だれの「相棒」か

杉下右京になる

二時間ドラマから読み解くテレビドラマ史

テレビドラマを語るにも、さまざまな視点がある。なかでもドラマを小説や映画のようにひとつの作品とみなし、そこに込められたメッセージや思想を読み解くというスタンスなどは代表的なものだろう。いわば、芸術作品としてドラマを鑑賞するスタイルだ。

いわゆる「二時間ドラマ」は、そうなった場合分が悪い。二時間ドラマはそうした作品論の対極にあるようなタイプのドラマだからだ。極論すれば、「殺人」はもちろんのこと、「観光スポット」「グルメ」「露天風呂」「混浴」などあらゆる手段を使って視聴者の好奇心を刺激し、少しでも視聴率を獲得することを目指したドラマ、それが二時間ドラマである。そういうこともあってか、テレビドラマ史において二時間ドラマはほとんど真面目に論じる対象にされてこなかったように思う。

とはいえテレビドラマの歴史において、二時間ドラマが侮りがたいポジションを得ていた時代が確実に存在する。そしてファンであればよく知るように、いまや水谷豊のライフワークとなった『相棒』のスタートは二時間ドラマ枠だった。『相棒』は、二時間ドラマにおいて水谷豊が数々の主演を務めた流れのなかで誕生したのである。

そこでこの章では、二時間ドラマのテレビドラマ史的意義を考えるところから始めたい。そこから生まれた『相棒』がこれほどの長寿人気シリーズへと成長した理由はなんなのか？　そしてそもそもなぜ、水谷豊は二時間ドラマの世界にこれほど深く関わることになったのか？　またそのことは、「杉下右京」という役柄にどのようにつながっているのか？　そうした問いに答えていきたいと思う。

二時間ドラマ事始め

二時間ドラマの始まりは、一九七〇年代にさかのぼる。

一九六〇年代、各民放キー局には洋画を放送する二時間のレギュラー枠があり、人気を呼んでいた。その先鞭をつけたのが、一九六六年に「土曜洋画劇場」をスタートさせたＮＥＴ、現在のテレビ朝日である。この番組はお茶の間に親しまれ、解説役である映画評論家・淀川長治が毎回最後にカメラに向かってする「さいなら、さいなら、さいなら」という恒例のあいさつは、流行語にもなったほどだった。

「土曜洋画劇場」放送用の洋画の買い付け担当者だった高橋浩は、ある時アメリカで作られている二時間用のテレビ映画の存在に気づく。放送する映画のストックが足りなくなったときにテレビ局が映画会社に作らせるオリジナル作品で、それがアメリカで高視聴率を稼いでいたのである。

そのひとつが、まだ二〇代の若者だったスティーブン・スピルバーグが監督した『激突!』(アメリカでは一九七一年公開)である。これを日本でも一九七五年一月に放送したところ、二二・一%の視聴率を記録。俄然二時間のテレビ映画——和製英語で「テレフィーチャー」と呼ばれるようになった——が世間の注目を集めるようになる。NET内部でも、国産のテレフィーチャー制作への機運が高まり、局内でプロジェクトチームが組まれることになった(大野茂『2時間ドラマ40年の軌跡』東京ニュース通信社、一三―一六頁。以下の二時間ドラマの歴史の概略についても、基本的に同書に基づく)。

そしてそのチームが検討を重ね、実現にこぎつけたのが、二時間ドラマの嚆矢となった「土曜ワイド劇場」である。初回の放送は一九七七年七月、NETがテレビ朝日に社名変更して間もなくのことであった。

枠の基本となったのは、ミステリーやサスペンスだった。海外のテレビ映画がそうだったこともあるが、当時日本でも角川映画のメディアミックス戦略の成功によって、横溝正史や森村誠一らの推理小説ブームが到来していた。記念すべき初回作品『時間(とき)よ、とまれ』も渥美清主演の刑事ドラマだった。

ただ、この『時間（とき）よ、とまれ』こそ一六・八％と良い結果を残したものの、その後視聴率は下がる一方だった。そこで文芸ものやメロドラマを作るなどの試行錯誤をしてみたものの、芳しい結果は出なかった。

そうした停滞状況を打ち破ったのが、「江戸川乱歩の美女シリーズ」だった。主演の天知茂が明智小五郎を演じるおなじみの推理物である。しかし謎解きの面白さだけでなく、そこに江戸川乱歩らしく怪奇とエロスの要素が加わった。猟奇的な事件が毎回のように起こり、必ずと言っていいほど女性のヌード場面が登場する。そんなシリーズの二作目『浴室の美女』は二〇・八％と、「土曜ワイド劇場」で初めて二〇％を超える視聴率をあげた。

これをきっかけに、一作目で視聴率が良かった作品が次々とシリーズ化されるという流れが生まれた。とりわけ人気推理作家の作品を原作にしたシリーズものが、「土曜ワイド劇場」の売りになっていった。その結果、番組開始から二年後には全体の三割がシリーズものに。そうして波に乗った「土曜ワイド劇場」は、開始当初の三か月は平均一〇・三％だった視聴率が一九七九年一月から三月には一四％、さらに一九八〇年一月の調査では一八・七％と上昇を続け、その勢いはとどまるところを知らなかった。

水谷豊、二時間ドラマの世界へ

「土曜ワイド劇場」の成功を見た他の民放キー局も、続々と二時間ドラマの放送枠を新設する。その先陣を切ったのが、一九八〇年四月に始まった日本テレビ「木曜ゴールデンドラマ」である。こちらは「土曜ワイド劇場」との差別化ということもあったのか、推理物に限らずSF、時代劇、文芸もの、ホームドラマなどジャンルにこだわらない編成だった（同書、八四頁）。水谷豊は、この「木曜ゴールデンドラマ」の第一回作品（一九八〇年四月三日放送）に主演している。タイトルは『水谷教授の華麗な冒険』。当時一億二〇〇〇万円という莫大な制作費をかけ、ケニア、フランス、アメリカと三か国で海外ロケが行われた。水谷豊は、文化人類学者と国際盗賊団のメンバーの一人二役。身の軽さを活かしたカーチェイスや闘牛などのアクションシーン、浅野ゆう子演じる恋人との恋愛模様がふんだんに盛り込まれたコメディで、視聴率も一九・九%を記録した（同書、八五頁。および『テレビジョンドラマ』一九八八年一一月号、五六―五七頁）。

この作品は、「熱中時代スペシャル」と銘打たれていた。時系列的に並べると、一九七九年放送の『熱中時代 刑事編』と一九八〇年七月から放送の『熱中時代 教師編 Part2』とのあいだに位置する。とはいえ、『熱中時代 刑事編』のキャストが多数出演しているということはあるものの、『水谷教授の華麗な冒険』に一連の『熱中時代』シリーズとのつながりはない。設定や内容も全くの別物である。

ただ、『刑事編』と『教師編』のあいだにも直接のつながりはなかった。このように、同じシリーズとして制作されながら、設定も物語も異なるというのはテレビドラマ史上でもかなり珍しいだろう。こちらは映画だが、たとえば渥美清主演の「寅さん」シリーズなどを思い出してもらえば、その異質さがわかるはずだ。

とはいえ、『熱中時代』シリーズにもひとつの共通項がある。それはいうまでもなく、「水谷豊主演」ということだ。つまり、〝熱中時代〟を一貫して体現しているのは、「北野広大」「早野武」「水谷教授」という個々の役柄よりもむしろ、俳優・水谷豊そのひとなのである。前にも書いたように、『熱中時代』シリーズには、「水谷豊ショー」という側面が色濃くあった。

『熱中時代』シリーズが始まったのは、一九七八年。一九五二年生まれの水谷豊は二〇代後半に差し掛かっていた。そこで演じた小学校教師、そして刑事はその年齢を反映し、職場ではともに〝新米〟と形容される立場だった。すなわち、社会に出て大人の世界への入り口に立つ青年をこの時期の水谷豊は演じ続けた。そしていま述べたように、その途中で『熱中時代』シリーズ中の一作の主演を二時間ドラマという枠のなかで演じたことになる。

二時間ドラマの中心的俳優として

そこには大した意味はなかったのかもしれない。しかし、後に『相棒』が二時間ドラマ枠から生まれ、水谷豊のライフワーク的作品になっていった事実を踏まえるなら、そこに俳優・水谷豊にとっての必然とでも呼ぶべきなにかがあったように思えてくる。

ひとつには、二時間ドラマが水谷豊のルーツとも言える一九七〇年代のテレビ映画の系譜を継ぐものであったことがあるだろう。元々はアメリカ発祥のものであったことは先述したが、二時間ドラマは当時産業としては衰退しつつあった映画界の人材の受け皿にもなった。

とりわけ「土曜ワイド劇場」が成功を収め、他のテレビ局も追随するようになると量産体制の維持が必要になってくる。その際、監督やカメラマンをはじめ、演出・技術スタッフが長年のあいだ映画の世界で培ってきた早撮りなどのノウハウや職人技は、まさしくその需要に応えるものだった。それは、深作欣二《きんじ》、恩地日出夫、神代辰巳なども監督を務めた『傷だらけの天使』のようなテレビ映画のなかで育った水谷豊にとっても肌になじんだものであっただろう。

そして三〇代中盤になると、水谷豊の本格的な二時間ドラマ時代がスタートする。

一九八七年、つまり三五歳になる年に、水谷豊は日本テレビ「火曜サスペンス劇場」で『浅

見光彦ミステリー 平家伝説殺人事件』に主演。改めていうまでもなく、『浅見光彦ミステリー』シリーズは内田康夫による人気推理小説シリーズである。ルポライターの浅見光彦が訪れる全国各地で殺人事件に遭遇し、その謎を解いていく。いわゆる名探偵物のひとつである。根強いファンも多く二時間ドラマの歴史のなかでも最も有名なシリーズのひとつであり、後に辰巳琢郎、榎木孝明、沢村一樹《いっき》、中村俊介、速水もこみちなどが浅見光彦を演じ、各局で競作されることになった。水谷豊はその先鞭を付けたとも言え、一九九〇年までに浅見光彦として計八作に出演している。

それをきっかけに、一九九〇年代に入ると水谷豊にもシリーズものの主演作が相次いだ。『朝比奈周平ミステリーシリーズ』『地方記者・立花陽平シリーズ』（火曜サスペンス劇場）、『演歌・唱太郎の人情事件日誌シリーズ』『探偵 左文字進シリーズ』（TBSテレビ系・月曜ドラマスペシャル）『探偵事務所シリーズ』（土曜ワイド劇場）など、ざっと挙げただけでもその多さに目を見張る。タイトルをみてわかるように、内容はいずれも二時間ドラマの王道である推理・ミステリーものであった。一九九〇年代以外の作品も含む数字になるが、水谷豊の「火曜サスペンス劇場」での主演回数は三五回を数え、これは男性俳優のなかのトップの記録である（大野茂、前掲書、二五三頁）。

トレンディドラマの時代

しかしながら、一九八〇年代後半から一九九〇年代にかけてのドラマ界全体を席巻していたのは、二時間ドラマではなくトレンディドラマだった。

トレンディドラマとは、簡単に定義すれば「最先端の流行やファッションを織り交ぜながら、都会に住む男女が恋愛ゲームを繰り広げるドラマ」ということになるだろう。浅野ゆう子と浅野温子のいわゆる「W浅野」が主演した『抱きしめたい！ I WANNA HOLD YOUR HAND』(フジテレビ系、一九八八年放送)や小田和正の主題歌「ラブ・ストーリーは突然に」とともに社会現象的ブームを巻き起こした『東京ラブストーリー』(フジテレビ系、一九九一年放送)など、当時そうしたドラマが数多く作られた。登場する若い男女は分不相応にも見えるおしゃれで広々とした部屋に住み、最先端のファッションに身を包み、流行のスポットでデートを繰り返す。たとえば、『抱きしめたい！』の浅野温子の職業はスタイリスト。ジャグジーのついたデザイナーズマンションに住んでいる、という具合だ。時代はバブル景気の真只中。若者を中心に都会の消費文化が最盛期を迎えた時代の雰囲気をストレートに反映したものだった。

実際、そもそもトレンディドラマ自体が、バブル景気のなかでのドラマのありかたを十分に意識したうえで企画されたものだった。

トレンディドラマの立ち上げに携わったフジテレビ（当時）のプロデューサー・山田良明の言葉からも、そのことがうかがえる。山田によれば、バブル景気の只中の当時、「たとえば仕事を終えたOLが「今日は連続ドラマがあるから家に帰る」などということは有り得ない」と思われていた（古池田しちみ『月9ドラマ青春グラフィティ』同文書院、一九九九年、一七頁）。

では、若い女性にドラマを見てもらうにはどうするか？　そこで山田たちが考えたのが、「情報番組としても見られる」ようなドラマを作ることだった。当時フジテレビのドラマは、「非常に作家性の強い山田太一や倉本聰脚本等による作品が中心」だった。言い換えれば、テーマ性やメッセージ性が重んじられたドラマ作りが主流だったのである。それに対し山田良明たちは、若い女性たちの日常的な関心事である恋愛、結婚、仕事をドラマの中心に据え、そこに最新のファッション、ヘアーメイク、インテリア、スポットといった情報性を加味して勝負しようとした（同書、一六―一八頁）。

そうして誕生したのが、トレンディドラマの元祖とされるフジテレビ『君の瞳をタイホする！』（一九八八年放送）である。若者の街である渋谷を舞台におしゃれな洋服を颯爽と着こなした陣内孝則、三上博史、浅野ゆう子、柳葉敏郎らが恋愛ゲームを繰り広げるコメディタッチのドラマ。まさにトレンディドラマのエッセンスが出揃っていた。

ただ興味深いのは、ドラマの舞台が渋谷にある警察署で、陣内らは刑事という設定だったことである。つまりこのドラマは、刑事ドラマでもあった。

ところが、陣内をはじめとした登場人物たちは、捜査よりもナンパや合コンといったプライベートの充実に精力を費やす。刑事ドラマの常識から逸脱した、従来と真逆の刑事の描きかたである。だがそのようにしてまでも若い女性たちをドラマに惹きつけようという山田良明たちの目論見は功を奏した。『君の瞳をタイホする!』は平均視聴率一七・四%、最高視聴率二一・四%と好成績を残し、トレンディドラマブームの先駆けとなる。

俳優・水谷豊の彷徨

俳優・水谷豊にとって、このトレンディドラマブームはどのような意味を持っていたのだろうか?

確かに二時間ドラマとトレンディドラマでは、違うところは多い。いまふれた『君の瞳をタイホする!』のように、同じ刑事ドラマをとっても一目瞭然だ。同時にターゲットとする視聴者層もかなり違っている。その意味では、あまり競合することはない。

とはいえ、本章冒頭でも述べたように視聴率獲得のために徹底して娯楽性を追求する点で二時間ドラマとトレンディドラマに共通する部分もないわけではない。また水谷豊自身にも、『熱中時代 刑事編』ですでにコミカルなテイストの刑事ドラマをヒットさせた経験があった。

しかしやはり、このときのトレンディドラマの流行は、水谷豊にとって本質的に距離を置かざるを得ないものだったのではなかろうか。もちろん年齢的なこともあったかもしれない。だが『抱きしめたい！』の浅野温子と浅野ゆう子の設定はともに二九歳。水谷豊の実年齢とそれほどかけ離れていたわけではない。理由はもっと俳優としての根本にかかわる部分だっただろう。なによりもまず一九七〇年代に悩み苦しみ、彷徨する若者を演じることで俳優としての自己形成をスタートさせた水谷豊にとって、トレンディドラマは接点を見つけづらいものだったに違いない。

その距離感は、先ほどの山田良明の発言にもあったように、トレンディドラマが山田太一らの脚本によるドラマに対するアンチテーゼとして誕生したところからも想像がつくだろう。第2章でも述べたように、一九七〇年代の俳優・水谷豊の自立をもたらしてくれた節目の作品のひとつが、山田太一の『男たちの旅路』であった。

言い換えれば、この一九八〇年代後半から九〇年代にかけては、俳優・水谷豊にとっての彷徨の時期であった。かつて彼が浪人時代に家出をしたことには第1章でふれた。そのことが人間・水谷豊の自己の確立に必要な彷徨であったとすれば、二時間ドラマ時代の彷徨は、俳優・水谷豊にとって必要なものだった。ひとりの人間としての水谷豊が少年期に家出までして自己の確立を模索したとすれば、ここでの水谷豊は三〇代から四〇代へと差し掛かり、俳優としてのあるべき自己の確立を模索していた。

とはいえ、それはただ単に大人の役柄を演じるようになるということではない。年齢とともに当然大人の役柄を演じるようになるとしても、水谷豊の場合、その核には常に一九七〇年代の「若者のすべて」を演じた旅の記憶がある。その記憶をこころの奥底に抱きながら、大人の俳優へと成熟していくにはどうするべきか？　それが、この時期の水谷豊にとっての根本的な課題だったように思われる。

先述したように、一九七〇年代の後半から八〇年代の前半にかけて次々とヒット作に主演し国民的スターになったとき、水谷豊は二〇代後半。作品のなかでも役柄は異なるとはいえ、社会に出たばかりの青年を演じた。それは、一九七〇年代の悩める若者から一歩踏み出し、社会のなかでの自己を確立しようとする人々であった。

だが一九八〇年代に入って世の中の雰囲気ががらりと変わり、バブル景気の到来とともに悩み苦しむこと自体が格好悪いこと、時代遅れであるような雰囲気になる。そしてそれを反映したトレンディドラマのブーム。そのなかで俳優・水谷豊の大人への旅はいったん頓挫した。そして二時間ドラマの世界のなかで、俳優としての長い通過儀礼の期間が続くことになった。そう思える。

いかにして『相棒』は誕生したか

だがその通過儀礼から抜け出すきっかけを与えてくれたのも、二時間ドラマだった。

一九九〇年代の終わり、水谷豊のもとに二時間ドラマの新たな企画が持ち上がる。先ほど挙げた「土曜ワイド劇場」の『探偵事務所シリーズ』の原作ストックがなくなり、同じ水谷豊主演で新たなシリーズを立ち上げることになったのである。

『探偵事務所シリーズ』の最後となる第五作が放送されたのが一九九九年のこと。ただその時点では、チーフプロデューサーであったテレビ朝日・松本基弘も、まだこれと言ったアイデアを持ち合わせてはいなかった。

そんなとき松本の目に、輿水《こしみず》泰弘という脚本家が留まった。当時輿水は、明石家さんま主演のコメディタッチの恋愛ドラマを書いていた。その点、二時間ドラマの王道であるミステリーや刑事ドラマの実績があったわけではなかった。だが松本が注目したのは、輿水脚本の別の部分の面白さだった。輿水が書いたドラマをたまたま見た松本は、「キャラクター、セリフ、ストーリー、何から何までこんなにうまく作れる人がいるんだと感動」し、件の新シリーズの脚本を依頼することを決める（TVnavi 特別編集『オフィシャルガイドブック 相棒』扶桑社、二〇〇六年、一二八頁）。

一方、松本基弘に対して水谷豊との共演を熱望していた俳優がいた。寺脇康文である。寺脇は、『バンパイヤ』での水谷豊の演技を見て芸能界を志したという、筋金入りの水谷ファンであった（Wikipedia「寺脇康文」の項。二〇二〇年一〇月二七日閲覧）。

水谷豊と寺脇康文には、すでに共演歴もあった。一九九一年から九二年にかけて放送された刑事ドラマ『刑事貴族2』と『刑事貴族3』（いずれも日本テレビ系）である。

元々『刑事貴族』は、舘ひろしの主演で始まった。放送枠は『太陽にほえろ！』と同じ金曜夜八時。日本テレビ伝統の刑事ドラマ枠である。舞台が代官署という、東京・新宿にある架空の警察署という点も同じだった。しかしスケジュールの都合で舘が途中降板、残りの回を郷ひろみが務めていた。

そうしたなか郷に代わって『刑事貴族2』から主演を務めることになったのが、水谷豊である。役名は本城慎太郎。郷ひろみ演じる刑事の後任で代官署に赴任してきた設定だった。一方、寺脇康文演じる藤村亮は、この『刑事貴族2』の途中からの出演。こちらは転職して警察官になった異色の経歴の刑事という設定だった。

本城と藤村のキャラクターには、『相棒』に通じる部分もある。本城は推理力や観察眼に優れるが、時に暴走して強引な捜査手法も厭わない。藤村は、思い込みが激しくどちらかと言えばお調子者で情にもろいところがある。こうした点は、後の杉下右京と亀山薫に重なるところである。

ただ、『刑事貴族2』や『刑事貴族3』は二人を中心にしたものではなく、『太陽にほえろ！』の伝統を踏まえた群像劇的なスタイルである。本城と藤村が組んで捜査を進めることもあるが、全編においてそうなわけではない。そしてなによりも、同じ刑事ドラマでも『相棒』には独特の味付けが施されていた。

その点で大きな役目を果たしたのが、脚本を任された先述の輿水泰弘である。

まず輿水は、水谷豊に名探偵役をやってもらうことを考えた。「いい人ではなく、慇懃無礼でむしろ変人」の名探偵が活躍するドラマである。ただ、探偵物にすると事件に遭遇するための手間がかかるなどの意見が出て、名探偵ものの要素は残しながら警視庁を舞台にした刑事物にするという線で落ち着いた（『ダ・ヴィンチ』二〇一四年六月号、二二頁）。

もうひとつ輿水がこだわったのは、リアリティ重視だった。イギリスのミステリードラマが好きだった輿水は、そこに女性刑事が上司からレイプ被害を受けるといった重いテーマが当たり前に出てくることに脚本家として感心していた。そこでこの新シリーズでは、現代社会のなかにある問題や矛盾を積極的に取り上げようと考えた（同誌、二二頁）。

変人の名探偵ものとリアリズム志向。いずれも、刑事のヒーロー的活躍をメインにした従来の刑事物からははみ出すような部分である。だが製作スタッフは、この二つの要素を大胆に取り入れることに決めた。

こうして新しいシリーズの骨格は定まった。タイトルは当初「黄金刑事（ゴールデンコップス）」との案もあったが、最終的に「相棒」に決まる。

二時間ドラマ時代の『相棒』

「土曜ワイド劇場」の新シリーズ『相棒』は、計三本制作された。最初から連続ドラマ化が決定していたわけではないが、現在の位置づけとしては「プレ・シーズン」となる。第一話の放送は、二〇〇〇年六月三日。三話とも脚本は輿水泰弘で、監督は和泉聖治。テレビ朝日とともに制作のところに連なる東映の名は、『相棒』がテレビ映画の系譜にあることを示すしるしである。

第一話は、杉下右京と亀山薫の偶然の出会い、薫の特命係への配属の経緯が描かれた後、警官殺しの事件が起こり、薫が疑いをかけられる。その嫌疑を晴らすため、右京と薫が捜査を進める、という流れである。ミステリーの基本をしっかり押さえながら、うっかり人質になってしまった薫を冷たく「無様」と言い放ったりする場面など、早くも右京の変人ぶりが顔をのぞかせている。薫はむろんのこと、後の連続ドラマ版でおなじみの登場人物たちも登場する（ただし、連続ドラマバージョンとは役柄が微妙に異なるところもある）。いわば、挨拶代わりの一作と言えるだろう。

第二話は、連続殺人事件を扱った典型的な名探偵物になっている。薫の大学の親友で検事の職にありながら、実はシリアルキラーという浅倉禄郎（生瀬勝久）と右京の対決が最大の見せ場になっている。

事件は一九世紀末ロンドンに起こった「切り裂きジャック」を模倣したような手口のもの。それはちょうど、コナン・ドイルによってシャーロック・ホームズものが発表された時期にも重なる。杉下右京が紅茶を好み、イギリス留学経験があることなどだけでなく、こうした点からもその人物像がホームズを下敷きにしたものであることがうかがえる（むろんそれだけでなく、去り際に「もうひとつだけ」とか、「細かいことが気になってしまうのが、僕の悪い癖」などと言いながらしつこく質問をする場面などは、『刑事コロンボ』を思い出すひとも多いだろう）。ただそこに、古くからの親友が猟奇殺人犯であることを知った薫の激しい葛藤が絡むところが、『相棒』ならではの創意工夫というところだろう。

第三話は、病院で起こった医師の転落死にたまたま盲腸で入院していた右京が不審の念を抱き、捜査を始める。ただしまだ自由には動けないので、薫の手を借りることになる。特命係としての二人の距離が接近する上手い設定である。終盤右京が行方不明になり、「俺の相棒はどこだ！」と犯人に迫る薫のセリフが印象的だ。

一方、この第三話の事件の背景に安楽死の是非をめぐる問題がある点も見逃せない。そこには、先ほども述べたようにシリアスな社会的テーマを取り上げることを厭わない『相棒』特有のリアリズム志向が端的に表れている。

こう振り返ってみても、刑事ドラマのフォーマットを基本としつつ、そこに杉下右京というユニークなキャラクターと特命係の連係プレー、本格推理ものの醍醐味、そしてシリアスな社会派といった『相棒』の骨格をなす要素がこの段階で早くも勢ぞろいしていたのがわかる。視聴率も好調で、特に第二話は二二・〇％と高視聴率を記録。その結果、連続ドラマ化が実現することになる。

脚本分担制の意味、「反－刑事ドラマ」としての『相棒』

ここで、『相棒』というドラマの特徴をもう少し違う角度から掘り下げてみたい。そこで注目したいのは、『相棒』の制作の進められかたである。日本のテレビドラマ史上において、そのスタイルはあまり類を見ないものであるからだ。

日本のドラマでは、脚本家が前面に出ることが多い。連続ドラマであれば、ひとりの脚本家が全話を執筆するケースが圧倒的だ。必然的に、その脚本家がセリフやストーリーに込めた思いやメッセージが重要なものとしてとらえられることになる。本章の冒頭でもふれたように、脚本家をひとりの作家ととらえ、小説や映画のようにドラマが作品として読み解かれ、鑑賞されるようになるのである。

ところが『相棒』の場合は、そうではない。どのシーズンもすべて複数の脚本家が担当している。たとえば、シーズン1では輿水泰弘以外にも二人が担当し、計三人で分担。さらにシーズン2になると五人、シーズン3では六人の分担となる。この脚本の分担制は、最新のシーズン19まで一貫している。

当然、脚本家によって作風や得意分野はバラバラなので、全体として『相棒』のエピソードもバラエティ豊かなものになる。本格推理ものの回もあれば、コミカルな回、人情噺のような回、社会派のテーマを扱った回など、実に様々。その多様性が、そのまま『相棒』の特徴になっている。

一方で、そうなった場合プロデューサーの果たす役割は大きい。右京をはじめとした主要キャラクターやドラマの基本的世界観の一貫性を保つ役割は、プロデューサーのような全体を統括する立場のスタッフが主に責任を担うことになる。そのシステムは、海外ドラマにも通じる部分がある。いうまでもなく、長らくゼネラルプロデューサーを務めた松本基弘は、そうした役割を果たすひとりだった。

しかしながら、ドラマ全体の流れがあらかじめ細部まで決められているわけではない。むしろ逆である。

「『相棒』全体の流れやトータルデザインについて、綿密な計算がなされていると思っていらっしゃる方がいるかもしれませんが、実はものすごく大まかなことしか決めていません」と松本は明かしている（『「相棒」シナリオ傑作選』竹書房、二〇一一年、六頁）。

したがって、細部については実際にドラマの撮影が進んでいくなかで少しずつ形づくられていく。キャラクターの造形にしてもそうだ。

たとえば、及川光博が演じる二代目の相棒・神戸尊《かんべたける》が本格的に捜査にかかわるようになったのが、シーズン8。その最初のエピソードの脚本を担当したのが太田愛だった。そこで尊が発した「お言葉ですが」は、右京との微妙な距離感を表現する絶妙なセリフと評価され、他の脚本家の担当回でもたびたびセリフとして使われるようになった（『「相棒」シナリオ傑作選2』竹書房、二〇一一年、三二九頁）（遊び心の表れという意味では、歴代相棒の役名がすべて「か」で始まり「る」で終わるのも、最初から決めていたわけではなく途中で気づいてそうすることにしたという。そしてその偶然の符号が、劇中のセリフとしても話題にされている）。

要するに、ある脚本家が何気なく書いたセリフが、別の脚本家に引き継がれて用いられることによって、キャラクターのイメージが定まっていく。ただ、そこでもキャラクターの設定が細部まできっちり詰められるのではなく、脚本家によって強調する面は違ってくる。右京が冷徹に描かれる回もあれば、人情もろい一面を見せる回もある。そうすることで、本来どんな人間にもある幅が描かれることになる。

そうした脚本家同士による脚本を通じての自由なやり取りが、『相棒』というドラマ全体を活気づけていく。そこには、『相棒』の常連脚本家のひとりである戸田山雅司が言うように「ジャズのセッションのアドリブ」のような雰囲気がある（前掲『「相棒」シナリオ傑作選』三九九頁)。一言でいえば、『相棒』は固定したフォーマットにこだわらない「なんでもあり」のドラマなのである。

その点を踏まえると、たとえば『相棒』の脚本を書くうえでの苦労を聞かれて、「事件を起こさないといけないことが苦労ですね。僕はどちらかというとホームドラマが好きなので(笑)」と輿水泰弘が答えたのは実に印象的だ(同書、三九四頁)。

輿水が元々はコメディタッチの恋愛ドラマを多く書いていたことは先に書いた。その系譜は、トレンディドラマに近い。トレンディドラマの真骨頂は、恋愛ゲームにおける男女の軽妙でおしゃれな掛け合い、洗練された会話にある。松本基弘が見た輿水脚本のドラマは明石家さんま主演の恋愛コメディだったが、同じさんま主演の『男女7人夏物語』(TBSテレビ系、一九八六年放送)はトレンディドラマの元祖ともされる。このドラマもまた、鎌田敏夫脚本によるさんまと大竹しのぶの丁々発止の掛け合いの面白さが最大の見どころのひとつだった。

その意味において、『相棒』は事件の起こらない刑事ドラマ、「反 - 刑事ドラマ」とさえ言える。むろん実際は必ずなんらかの事件は起こるのだが、場合によってはすっきり解決されなくてもよいし、さらには事件以外のところに最も伝えたいことがあることもある。そんな刑事ドラマの常識にとらわれないドラマなのである。

「バディもの」としての魅力と特色

そこから、刑事ドラマという既成のジャンルには収まりきらない『相棒』の多彩な魅力も生まれてくる。

まず真っ先に挙げるべきは、タイトル通り杉下右京と相棒たちをめぐる人間ドラマとしての魅力だろう。

『相棒』は基本的に一話完結方式だが、シリーズ全体を貫いて描かれるストーリーもある。そのひとつが、杉下右京と相棒の関係性をめぐるドラマである。現在まで杉下右京とのあいだには、亀山薫（寺脇康文）、神戸尊（及川光博）、甲斐享（成宮寛貴）、そして冠城亘《かぶらぎわたる》（反町隆史）と歴代四人の相棒がいるが、それぞれの相棒は経歴も個性も異なる。したがって、杉下右京とのあいだに織りなされるストーリーも違う。

前にもふれたが、刑事ドラマにおいてこうした二人組を中心にしたタイプのものを「バディもの」と呼ぶ。刑事ドラマにおける伝統的ジャンルのひとつで、これまでも数多くの「バディもの」が作られてきた。

さかのぼれば一九七〇年代には、松田優作と中村雅俊がバディとして活躍する『俺たちの勲章』（日本テレビ系、一九七五年放送）があった。松田がクールで中村が情に厚いといった性格のコントラストも、「バディもの」の基本と言ってよいだろう。その後も国広富之と松崎しげるによる『噂の刑事トミーとマツ』（TBSテレビ系、一九七九年放送開始）、舘ひろしと柴田恭兵による『あぶない刑事』（日本テレビ系、一九八六年放送開始）など人気作が生まれ、近年では星野源と綾野剛が組んだ『MIU404』（TBSテレビ系、二〇二〇年放送）も評判を呼ぶなど、「バディもの」の人気はいまだ衰えていない。

ただ、『相棒』にはこれら多くの「バディもの」とは異なる点もある。それは、右京とその相棒が「上司と部下」という関係にあることである。いま挙げたような「バディもの」では、基本的にバディ同士の関係は対等だ。『俺たちの勲章』などが典型的だが、同世代の若い刑事コンビがメインのことも多く、そこには青春ドラマの要素がある（岡田晋吉『青春ドラマ夢伝説』日本テレビ放送網、二〇〇三年、一六八頁）。若い二人が衝突しながらも協力して事件を捜査し、時には現実のほろ苦さを味わうことで人間的に成長していく姿が、ある種の感傷を込めて描かれるのが「バディもの」の定番的スタイルでもあった。

それに対し、『相棒』の場合は、「上司と部下」という設定もあってストレートな青春ドラマにはならない。むろん右京と相棒の関係性の変化や互いの理解の深まりは重要なポイントとして描かれる。ただし二人が艱難辛苦《かんなんしんく》をともにしながら成長していくというわかりやすいストーリーにはならない。

だが一方で、そうとも言い切れない面もある。この後改めて詳しく述べたいと思うが、冷静沈着で大人に見える杉下右京という人物も、根本的なところでは青臭い。だからこそ、組織の論理と折り合わず特命係という警視庁内の僻地に〝島流し〟される。だが孤立し思い通りにはいかなかったとしても、右京は自分のポリシーを貫くことをやめない。

つまり、『相棒』にもやはり「バディもの」の常である青春ドラマの要素が潜んでいるという見方も可能だろう。その点は、刑事ドラマではないが『傷だらけの天使』という若者同士の「バディもの」をきっかけにブレークした俳優・水谷豊の軌跡を思い起こすならば、決して見落としてはならないポイントであるはずだ。

キャラクタードラマとしての『相棒』

また『相棒』が刑事ドラマらしからぬという点は、群像ドラマとしての魅力にもつながっている。

『相棒』が長寿シリーズになった一因として、杉下右京と歴代の相棒を取り巻く登場人物たちが果たした役割は決して小さくない。普通なら「脇役」と一言で片づけられてしまいがちな登場人物たちが、時には主役に負けない存在感を放っている。そういうドラマがほかにないわけではないが、『相棒』においては特にその点が際立っている。通常回でそれらの脇役が主役になる回も珍しくないし、スピンオフとして主役の映画が作られるような人気キャラクターがいるのもよく知られたところだ。

そうなった理由のひとつは、やはり先述のように『相棒』というドラマが登場人物同士の掛け合いやセリフの妙に支えられているからだろう。

同僚だった亀山薫にいつも「特命係の亀山ぁ〜」などと突っかかりながらも根底には深い絆を感じさせる刑事・伊丹憲一（川原和久）を筆頭にした捜査一課の面々、落語など趣味の共通項でも右京と話が合い、さりげなく助力もするオタク気質の鑑識係・米沢守（六角精児）、立場上特命係を目の敵にしながらも時にこっそり頼りにしてしまう刑事部長・内村完爾（片桐竜次）と参事官・中園照生（小野了）のコンビ、「暇か？」と言いつつ特命係にコーヒーをもらいにくる組対五課課長・角田六郎（山西惇）、神戸尊と警察庁時代から旧知の間柄で、自分が同性愛者であることを特命係に打ち明けた監察官・大河内春樹（神保悟志）、真面目なのはよいが事件関係者の女性にすぐ恋心を抱いてしまう特命係「第三の男」・陣川公平（原田龍二）。さらに警察関係者以外にも、ひょんなことから特命係とかかわりを持ち、割烹「花の里」の女将になる月本幸子（鈴木杏樹）、亀山薫にぞっこんのゲイバー「薔薇と髭と…。」の経営者・ヒロコママ（深沢敦）など、『相棒』はまさにキャラクターの宝庫である。

だがそのなかでも『相棒』が生んだ魅力的キャラクターの代表格と言えるのが、岸部一徳が演じた小野田公顕だろう。

小野田は官房長（正式な役職名は警察庁長官官房室長）という重要な職務にある。警察庁の高級官僚らしく、ほとんど感情を表に出さず、本心を簡単にはうかがいしれない。かつて右京の上司だったことがあり、そのときに起こった事件の責任を取るかたちになった右京は特命係に〝島流し〟された。つまり、右京にとって因縁の深い相手である。

しかしそんな因縁を越えて、二人には通じ合っているところもある。たとえば、二人が回転寿司で会食する場面。小野田が回転寿司のルールを知らずのことかどうかはわからないが、食べ終わった寿司の皿をベルトコンベアに戻そうとする。それを静かにたしなめる右京。悪びれた風もなく「あ、そうなの？」と返事をする小野田。見るからに仲が良いというわけではないが、二人のある種親密な空気感が醸し出されたこのような場面が繰り返し登場する（シーズン1第四話など）。このどこか人を食ったようなキャラクターを、岸部一徳は魅力的に造形した。

二つの正義

ただ、小野田官房長が『相棒』において果たす役割は、キャラクターとしての面白さにとどまらない。なによりも小野田は、『相棒』を形づくる基本的世界観にとって不可欠な存在でもある。

小野田と右京は、捜査においてもしばしば協力する。互いの実力を認め合っている二人は、常に行動をともにするわけではないが、時に阿吽《あうん》の呼吸で見事な連携を見せる。

とはいえ、二人のあいだには決定的な違いがある。それは、「正義とはなにか」という問いをめぐる根本的な態度の違いである。

かつて武装グループによって大使など外務省関係者が人質にとられる籠城事件が起こった。特殊部隊で右京の上司だった小野田はアメリカ国務長官来日間近という状況を踏まえ、政治判断で人命よりも国の体面を優先し、危険を知りつつ突入を命じる。それに対し強硬に反対する参謀役の右京だったが、突入は実行される。その結果、人質一人を含む多数の死亡者が出た。その責任を取るかたちで、右京は生活安全課に異動になる（シーズン1第一一話）。

この出来事は、小野田と右京のあいだでその後たびたび繰り返されることになる対立の理由が凝縮されている。

右京にとって正義とは、常に完全なかたちで実現されるべきものである。法の支配の下にすべての人間は平等に扱われるべきであり、組織の都合や社会的地位、政治的配慮などによって扱いが変わるようなことがあってはならない。その意味で、右京は青臭い理想主義者であり、決して妥協しようとはしない。その後の『相棒』のなかでも、警察幹部の制止や圧力をものともせず、大物政治家の不正、さらには国家の悪などを暴こうとする姿が再三描かれる。

それに対し、小野田は筋金入りの現実主義者である。警察組織、ひいては国家の秩序を維持するためならば、必要に応じて取引することを厭わず、さらには罪や不正を見逃すことも大きな意味での正義と考える。たとえば、過激派テロ組織「赤いカナリヤ」が陰で一枚噛んだ国家の危機的状況を回避するため、超法規的措置でその幹部を釈放したりしたことなどは、その一例だ（シーズン9最終話）。

理想的正義と現実的正義。当然、二人の考える正義はどこまでも交わることはなく平行線だ。だから互いにとって、相手の掲げる正義は本質的に許容できないものである。「杉下の正義は、時に暴走するよ」という小野田の有名なセリフ（シーズン6最終話）は、そんな両者の相容れなさを一方の側から表現したものだ。

警察ドラマの系譜

この右京と小野田の対立は、言い換えれば個と組織の対立である。つまり『相棒』とは刑事ドラマではあるが、警察という組織をリアルに描く「警察ドラマ」でもある。

つまり、刑事もまた警察という組織の一員であり、決してヒーローではない。組織の秩序を守るために、時には理想論を引っ込めるべきときもある。そのような〝正論〟が、右京を圧迫する。だが右京もまたあらゆる手段を講じ、時には違法とされておかしくない策を用いてまでも、理想を貫こうとする。そうした〝組織と個人の葛藤〟というテーマは、まさに『相棒』全体のストーリーを貫く骨格となっている。

刑事ドラマの歴史において、多少なりともそうした警察ドラマ的要素を持つ作品は昔からなかったわけではない。だが『相棒』と同じような密度と綿密さで警察組織を描いた刑事ドラマとしては、やはり『踊る大捜査線』（フジテレビ系、一九九七年放送開始）がパイオニアと言ってよいだろう。

この作品の脚本を担当したのは君塚良一。彼もまた、輿水泰弘と同じくそれまで刑事ドラマを書いてきた脚本家ではなかった。テレビとのかかわりは、コメディアン・萩本欽一の座付き作家集団に加わったことからであり、ドラマとの本格的かかわりは明石家さんま主演のコメディタッチの恋愛ドラマ『心はロンリー気持ちは「…」』シリーズ（フジテレビ系、一九八四年放送開始。ただし共同脚本）からである。そしてマザコン夫役の佐野史郎の怪演が話題を呼び、大ヒットした『ずっとあなたが好きだった』（ＴＢＳテレビ系、一九九二年放送）で一躍有名になった。

そうしたなか、フジテレビのプロデューサーから「新しい刑事ドラマ」を作らないかという話が持ち込まれる。萩本欽一から「実験と冒険」がテレビの本質だと叩き込まれていた君塚良一は、「新しい」という部分に惹かれ、オファーを引き受ける（君塚良一『テレビ大捜査線』講談社、二〇〇一年、一五一―一七頁）。

そして刑事ドラマの古典である『太陽にほえろ！』を徹底的に分析した末に、君塚は、「新しい刑事ドラマ」にするには「リアルな刑事もの」にするしかないと思い至る。そして警察関係者たちに取材した際、若い刑事が張り込み中に「ぼく、今日デートなんで帰ります」と言って帰ってしまったエピソードなどを聞き、「刑事もサラリーマンである」というコンセプトを思いつく(同書、一八―二三頁)。

『踊る大捜査線』の織田裕二演じる主人公・青島俊作が、コンピュータ会社の営業マンから脱サラして刑事になったという設定も、そこに由来する。青島が刑事になった動機は、刑事ドラマに出てくるかっこいい刑事に憧れたからだったが、実際は上司の命令は絶対であることなど、刑事もサラリーマンと変わらなかった。青島の青臭い理想は、組織の論理によっていつも押しつぶされそうになる。

特に『踊る大捜査線』では、そのあたりの理想と現実の葛藤が警察内におけるキャリアとノンキャリアの対立として巧みに描かれている。青島俊作は、いうまでもなくノンキャリアの刑事。一方、キャリア側を代表する人物が、柳葉敏郎演じる室井慎次である。警視庁の管理官として登場する室井は当初青島ら現場の刑事と激しく対立するが、次第に現場への理解を深め、警察組織の改革を図ろうとするようになる。そして自身、警察のなかにも厳然と存在する学閥の壁(室井は警察官僚においては少数派の東北大出身という設定)に苦しみながらも、青島の理想の実現のために奮闘する。

その意味で、『踊る大捜査線』は青島と室井の友情物語でもあった。いかりや長介演じる和久平八郎に「正しいことをしたければ偉くなれ」と諭された青島は、その夢を信頼する室井に託すようになる。

したがって、警察ドラマはそれまでの刑事ドラマをただ単に否定したものではない。青島が刑事ドラマのような刑事に憧れて挫折するという点では確かにそうである。しかし、正義がテーマという本質は変わらない。組織の一員であることで、正義と悪は簡単に線引きできずそのあいだにはグレーゾーンが広がるようになる。だが刑事たちは、それでも本当の正義とはなにかを各々の立場で模索し続ける。そこにドラマとしての深さが生まれる。その意味で警察ドラマは、刑事ドラマが独自の進化を遂げるなかで誕生したものである。

〝もうひとりのバディ〟

そうした警察ドラマのエッセンスは、「正義とはなにか」をめぐり対立する小野田と右京の関係性にもそのまま受け継がれている。

小野田は、劇場版の第二作となる『相棒　劇場版II——警視庁占拠！　特命係の一番長い夜』（二〇一〇年公開）で命を落とす。自らの考える理想に従って警察の大胆な組織改革を断行しようとした結果、小野田はそのあおりを受けた警察幹部に恨みを買い、刺されてしまう。そして右京に対し、「おかしいね……殺されるなら、お前にだと思ってたのに……」と言って息を引き取るのである。そこには、警察組織の中枢にいる人間であっても、個人の理想を実現しようとすれば命の危険にまでさらされるという苦い真実が究極のかたちで表現されていると言えるだろう。

小野田公顕は、『相棒』が連続ドラマ化されるにあたって創作された人物である。松本基弘によれば、水谷豊との話し合いのなかで「右京と対等で話せる人がいると、世界がひとつ広がるね」という話があり誕生したのが、小野田というキャラクターだった（前掲『オフィシャルガイドブック相棒』一二八頁）。

確かに、彼の登場が『相棒』という作品、とりわけ警察ドラマとしての『相棒』に不可欠な深みをもたらしたことはいうまでもない。いまふれた松本基弘の言葉に従うなら、小野田公顕とは、杉下右京にとっての隠れバディ、特命係の相棒たちとは異なり、対等な関係にある〝もうひとりのバディ〟だったということになるだろう。実際、水谷豊も、右京にとって小野田は「裏の相棒」であり、「一番、右京が何者かわかる場所」であったと語っている（『TVnavi 特別編集『相棒―劇場版Ⅱ―オフィシャルガイドブック』一二二頁）。

だがそれは、『相棒』という作品そのものが「小野田（…）の存在に頼りすぎて」いるということでもあった（同誌、九四頁）。

小野田公顕と杉下右京の関係には、『傷だらけの天使』における木暮修と乾亨の関係を思い起こさせるところがある。小野田から見れば右京が青臭い正義をかざし暴走しかねない存在と見えたように、修にとっての亨も純粋すぎるがゆえの危うさに満ちた存在だった。だから修は亨を守らなければならなかったし、亨は修を徹頭徹尾頼りにしなければならなかった。それと同様に、右京もいざというときは小野田を頼らなければならなかった。

だが大きく違うのは、『相棒』で死ぬのは小野田のほうだということである。ところが、『傷だらけの天使』で死んでしまうのは修ではなく亨であった。一方、『相棒』の右京は生き続ける。

とすれば、大切なのは小野田が『相棒』の世界から退場した後のことになる。対立しながらも最大の理解者であった〝もうひとりのバディ〟の小野田の退場後、特命係の相棒はいるとはいえ、杉下右京は自らの考える理想の正義の実現のためにさまざまな敵に単身で挑むことになる。

岸部一徳もこう語っていた。「小野田は（…）、いわば今まであまり見えなかった裏の世界の象徴」である。『相棒』ではそんな「小野田をとっかかりにして一般の人に、その世界を説明するという手法をよくとって」いた。たとえば、「『間違って死刑囚にした人の補償額がこんなに少ないの?』や『これはひとに言っちゃいけないよ』って言いながら秘密をばらす」といったように。しかし、「今の時代はある意味その世界が一般の人の目に触れるようになって」いる。だから、「今までは小野田が代表して対立構造を見せていたけど、これからはひょっとすると、右京一人で見えている現実に挑んでいく」かたちが出てくるのではないか、と（同誌、一二一―一二三頁）。

その意味では、『相棒』の歴史は〝小野田のいた時代〟と〝小野田のいなくなった時代〟とに大きく分けることができる。小野田がいなくなったことで、右京が自らの理想の正義を晴れて実現できるわけではない。彼の前には、それを阻む力が常に立ちはだかる。いま引いた岸部一徳の言葉を受けて、「だからこれからも、右京はただ単純な正義の味方ではないということを、まずはやっていかないと」（同誌、一二三頁）と語る水谷豊もまた、そのことを十分わかっていた。

甲斐享の〝犯罪〟から見えるもの

もちろん小野田がいなくなった後も、右京にはともに力を合わせる特命係の相棒たちがいる。しかしその場合、先述したように両者のあいだには「上司と部下」の関係があり、右京は上司の立場にある。しかもそこには、地位のうえだけでなく精神的な意味においても上下関係が存在している。

特命係の相棒から見れば、右京は自分に勝る存在である。とりわけその正義に関する信念は、これ以上ないほど確固たるものに見える。そのことを真正面から受け止めてしまえば、杉下右京という存在はいつまでたっても追いつけない人間離れした存在というふうに映っておかしくはない。だから特命係の相棒が右京に本気で追いつこうとすればするほど、そこには強い緊張関係が生まれる。

三代目の相棒・甲斐亨との関係は、そうした緊張関係のもたらすひとつの悲劇的な結末を示したものだった。

甲斐亨は、歴代の相棒のなかでも一番若く、シーズン11での初登場時は一九八三年生まれの二九歳。父の峯秋（石坂浩二）は警察庁次長という要職にあるが、根深い確執があり断絶状態にある。だが自らも警察官の道を選んだ亨は、所轄署の刑事だったとき、プライベート旅行中に偶然香港で右京と出会う。そして当地でともに事件の捜査にあたった亨の様子に刑事としての素質を認めた右京が、自ら特命係に引き抜いた。右京自身が相棒を指名するのは、これが初めてのことだった。

要するに、杉下右京と甲斐亨の関係には、他の相棒と異なり最初から師弟関係と言っていいような、より強固な上下関係があった。持ち前の血気盛んな性格から最初は右京とそりが合わず反発していた亨も、自らの理想像を右京に見出し、次第に二人は絆を深めてゆく。

ところが、そのように安定した関係性が築かれたと思ったのも束の間、驚くべき事件が起こる。

亨は特命係として働く陰で、「ダークナイト」として連続暴行事件を引き起こしていた。妹を殺された親友が心神喪失で不起訴処分になった容疑者に自ら復讐しようとするのを見かねた亨が、代わりにその容疑者を襲ったことがきっかけだった。それ以降亨は、法律では裁けない犯罪者に対して罰を与えるべく犯行を繰り返していた。そして「ダークナイト」の模倣犯が出現したのをきっかけに右京に真相を暴かれ、享は警察を解雇されることになる。

この展開は、当然ながら視聴者から衝撃をもって受け止められた。刑事ドラマの暗黙のルールからして、主人公の刑事が見えないところで実は犯罪を重ねていたという結末は、反則もいいところだからである。

しかし、先ほどふれた右京と享のあいだの緊張関係に照らせば、そういう展開が納得できる部分も見えてくる。なぜ享がそうするに至ったのか、劇中では明確な理由は示されていない。だが享の父親で警察庁次長の甲斐峯秋がひとつの見解として語ったように、そこには右京に対する対抗心のようなものがあったと推察できる。

享の立場からすれば、法と正義では正義のほうが勝る。現行の法律で悪を裁けないのであれば、自分なりの正義でもって悪を罰することも許される。そこからは、「杉下の正義は時に暴走するよ」という小野田公顕のセリフが思い出される。暴走する可能性を持った正義。その点において享は、ある意味において師である右京に忠実だった。

だが右京本人の立場からすれば、それは完全に間違っている。正義とはあくまで法律を通じて実現されるものであって、それ以上でもそれ以下でもない。そこから逸脱してしまうことは、形は違えど、結局小野田が代表していた正義、法を超えても守られるべき正義の側に与することになってしまうだろう。

「ボーダーライン」

では、小野田がいない世界のなかで、杉下右京はどのように正義を実現しようとするのか？象徴的と思えるエピソードがシーズン9にある。「ボーダーライン」（脚本：櫻井武春）と題された第八話である（同じシーズン9の第九話に小野田が登場するが、これは『劇場版II』の物語以前を描いた時系列的にはイレギュラーなエピソードであり、シーズン9全体は小野田がいなくなった後の話である）。

この第八話は、ビルから転落したと思われる男性（山本浩司）の遺体が発見されたところから始まる。男性の手には防禦創《ぼうぎょそう》（襲われたりしたときなどに被害者が抵抗してできる傷）があったことから傷害致死事件の可能性があるとされ、右京たちによる捜査が始まる。

だが、事態は意外な進展を見せる。亡くなる直前の一か月間の男性の足取りは不可思議なものだった。男性は寮付きの仕事が決まったと言ってアパートを引き払っていたが、実際は寮には住んでいなかった。調べてみると、男性はレンタルコンテナで寝泊まりし、そのことが見つかって契約を解除されていた。

さらにその後の捜査で、男性が派遣社員として働き、正社員採用の話も出ていた会社を業績不振の理由で突然解雇されたこと、その次に勤めた建設会社もすぐに雇い止めになっていたこと、そこで取得していた医療事務の資格をもとに就職活動をしたもののままならず、生活保護の申請をしようとしたが役所の勝手な都合で受理されなかったこと、などが明らかになる。そしてやむにやまれず当座のお金を得るために、男性は名義貸しをして犯罪に手を染めるようになっていた。

そして名義貸しすらもできなくなった男性は、ネットカフェで暮らしながら、スーパーの試食など無料で食べ物にありつける場所を回るだけの無為な日々を送るようになる。だがそんなある日、いつも試食に行くお菓子屋の店員の「気に入ったら、買ってくださいね」という何気ない一言に居たたまれなくなり、思わずその場から逃げ出す。最後には、引き払ったアパートにも新しい住人が入り、もはや就職活動に必要だった住所も失ったと知り、絶望する……。

結局、男性の死因は自殺だった。だが、彼の手になぜ防御層があったのか？　彼は医療事務の知識を生かし、わざとそのように見える傷を自分で付けたのだった。「彼は、社会に殺された。そう訴えたかったのかもしれません」、そうすることで、「その絶望を誰かにわかってもらいたかった」のではないか？　そう右京は推察する。

刑事ドラマとしては、異色中の異色と言ってもいいエピソードだろう。だが、先述したように事件の起こらない「反 - 刑事ドラマ」の要素を秘めた『相棒』という意味では、実にらしいエピソードであるともいえる。

ここでの杉下右京は、いつものように鋭い推理力と洞察力で事の真相を突き止める名探偵であると同時に、男性の置かれた苦境や追い詰められた心情への良き理解者でもある。この回の最後、「周りの人間も、そして彼自身も、手を差し出す勇気がなかったのかもしれません」「もしどちらかが本気で手を差し出していたら、このようなことにはならなかったんじゃありませんかねえ」と語る右京の姿からは、無念さがひしひしと伝わってくる。だが必死の細工を施し、誰かに気付かれることを望んでいた男性の物語は、少なくとも杉下右京というひとりの人間によって確かに受け取られたのである。

誰の「相棒」か？――杉下右京の「静かな怒り」

「ボーダーライン」の男性は一九七四年生まれ。二〇一〇年の放送時点で、三六歳になる。この年代に生まれた子どもたちは、大学卒業時が就職氷河期だった世代である。正社員としての就職が当たり前ではなくなり、派遣社員やフリーターとして働くひとたちが増える大きな転換期に遭遇した世代だった。言ってみれば、若者から大人になろうとしても社会がそれを簡単にさせてくれなかったのである。「ボーダーライン」の男性も真面目に働き、生きる術を探し続ける。だがうまくいかない。その意味では、彼がたどった運命は極端であったかもしれないが、特殊なわけではない。

そして、そんな彼の理解者たろうとする右京の姿には、俳優・水谷豊の軌跡が重なるように思える。

一九七〇年代に水谷豊が演じた若者もまた、同じく報われない若者であった。『傷だらけの天使』、『青春の殺人者』、『男たちの旅路』。それぞれ置かれた境遇は違うが、うまくいかない人生に悩み苦しみ、そして怒っていた。乾亨も、斉木順も、そして杉本陽平もみな、「ボーダーライン」に立つ若者だった。

その後『熱中時代』シリーズとの出会いによって、俳優・水谷豊は一躍日の当たる場所に出ることになる。役柄のうえでも、新米教師や新米刑事として社会に出る初々しい青年を演じ、国民的スターになった。

しかしながら、そうしたなかにも一九七〇年代の若者のやり場のない怒りは俳優・水谷豊の奥底にあり続けたのではあるまいか。だからこそ杉下右京は、「ボーダーライン」の男性の自殺に至る彷徨をひとつずつ余すことなく跡付け、彼の生きた証しを残そうとした。

そこには、同じ怒りでも「静かな怒り」がある。「ボーダーライン」の男性のたどった道のりを語る右京は、いつものように静かで感情をあらわにはしない。だがその内側には、かつて一九七〇年代に「若者のすべて」を演じた俳優・水谷豊だからこそ表現しうる秘めたる怒りが感じられる。

おそらくその怒りは、杉下右京にとって理想の正義を実現するための最大の原動力でもあるものだ。『相棒』ファンにはおなじみのシーンだが、右京はしばしば身勝手で独善的な犯人に対して頬を震わせて激昂する。しかしそれは大声で怒鳴るようなものではなく、やはりトーンを抑えながら静かに表現される、それだけに深さを感じさせる怒りだ。そんな「静かな怒り」をその場限りで終わらせずにずっと保ち続けること。それこそが、何物にも左右されずすべての人間にとって平等な正義を実現させるために必要なことだと右京は確信しているかのようだ。

そしてきっと、俳優・水谷豊の成熟の証しも、そうした「静かな怒り」の表現に見出すことができるに違いない。そこに到達したとき、俳優・水谷豊は、過去から現在に至るすべての報われない若者、要するにあらゆる世代の人びとにとっての「相棒」になったのである。

第5章

孤独と情熱のあいだ

無表情の美学

新しいスター俳優たち

一九七〇年代は、従来とは異なるタイプのスター俳優が誕生した時代だった。

それまで人気俳優と言えば、「銀幕のスター」というお馴染みの表現にもあるように映画のスクリーンのなかだけの存在、大衆とは隔絶した世界にいるどこか遠くの存在であるのが一般的だった。石原裕次郎などは典型的だろう。

ところが、娯楽産業としての映画に陰りが見え、代わってテレビが台頭すると俳優のありかたも変化した。新たな生き残りの道を模索する映画、そして一方で存在感を増すテレビドラマという両者が拮抗し、いまの時代とはまた異なるバランスのなかで、新しいスター俳優が登場するようになる。

萩原健一と松田優作は、そんな一種の過渡期の時代を代表するスターと言っていい。彼らは、一言でいえば「アンチカリスマ」だった。それまでのスターが手の届かぬところにいてまぶしく光り輝くカリスマだったとすれば、萩原健一や松田優作には光に匹敵するぐらいの影があった。そして時には、影のほうが勝るときもあった。だがそのコントラストゆえに光の部分もまた特別な輝きを帯びた。そんな光と影がないまぜになった魅力を身にまとったスター俳優の時代が始まったのである。

この二人とそれほど年齢の違わぬ同年代であり、親交のあった水谷豊もまた、同じ時代のスターであった。ただそこには、三者三様の部分もある。この章では、そのあたりを比較しつつ、水谷豊の俳優としての美学に迫ってみたい。

萩原健一――「主役は殴られる。涙も流せば、血も流す」

ショーケンの名で広く親しまれた萩原健一は、一九五〇年生まれ。一七歳のときにザ・テンプターズのボーカルとしてデビューした。ザ・テンプターズは「神様お願い！」「エメラルドの伝説」（いずれも一九六八年発売）など次々にヒットを飛ばし、一九六〇年代後半の爆発的なグループサウンズブームの中心的存在になった。なかでも萩原は、ザ・タイガースのボーカルだったジュリーこと沢田研二と双璧をなす二大アイドルのひとりであった。

一九七〇年にザ・テンプターズは解散。その後萩原は映画監督を目指した。だが、助監督として参加した映画の主演俳優が降板してしまったため、その代役として急遽出演することになる。それが岸惠子と共演した『約束』（斎藤耕一監督、一九七二年公開）で、これを機に萩原健一は俳優への道を本格的に歩み始める。

その頃の彼が影響を受けていたのは、たとえば『灰とダイヤモンド』のような映画だった。『灰とダイヤモンド』は、一九五八年に公開されたポーランド映画の名作だ。監督はアンジェイ・ワイダ。物語の舞台は、ナチスドイツから解放された第二次世界大戦末期のポーランドである。ズビグニエフ・チブルスキーが演じるポーランド人青年・マチェクは、戦後の祖国を支配下に収めようと目論むソ連共産党への抵抗運動に身を投じ、その手先と目されるポーランド共産党の幹部・シュチューカの暗殺を計画する。だがそんなとき、彼はひとりの女性と出会って恋に落ちる。決意が揺らぐマチェクだったが、結局同志を裏切れずシュチューカの暗殺を実行する。ところが彼は、逃走の途中で保安隊に見つかり、撃たれてしまう。町外れのゴミが散乱する場所で独り死んでいくマチェク……。

その場面は、普通に解釈すれば、テロリストの惨めな末路を描いていると取れる。だがショーケンは、そこに俳優としての自分が目指すべき表現の理想を感じ取った。「主役は殴られる。涙も流せば、血も流す。決して強くない。斬られれば死んでしまう。そういう人間が、おれだ。おれの芝居だ」（萩原健一『ショーケン』講談社、二〇〇八年、五六頁）

この言葉には、俳優・萩原健一のアンチカリスマとしてのエッセンスがある。カリスマが神秘的な魅力を持つ人間離れした存在だとすれば、萩原はその真逆、脆さを常に抱える生身の存在を演じようとした。

それゆえ、一九七二年に始まった刑事ドラマ『太陽にほえろ！』（日本テレビ系）への出演依頼に、萩原健一は乗り気ではなかった。「タイトルからして、自分のセンスとはかけ離れて」いて、「何だか田舎臭く感じられた」萩原は、「こんなの、出たかねえや！」と思っていた。彼が演じた新任刑事・早見淳の愛称「マカロニ」は、当初マカロニ・ウェスタンみたいな帽子を被っているという設定だったが、萩原はそれも拒絶した。結局、出るか出ないかでクランクインの数日前まで揉めたという（同書、五七頁）。

だが周知のように、『太陽にほえろ！』は、萩原健一の名を一躍世に高からしめる出世作となった。そしてその人気の理由のひとつに、刑事ドラマらしからぬマカロニの生き様の描かれかたがあった。マカロニは、自らの正義を決してぶれずに貫くヒーローとしての刑事ではない。むしろ犯人の境遇や心情に感情移入してしまうこともしばしばで、いつもどうすべきか悩み、こころの中は揺れ動いている。

そこには、主役も生身の人間だという、いまふれた萩原健一の演技哲学に一脈通じるものがあった。そしてそうした刑事像は、有名なマカロニの殉職シーンに凝縮されることになる。マカロニの死は、格好良くもなければ美しくもない。立小便をしているところを通り魔の強盗に刺され、あっさりと命を落としてしまう。

それは、萩原健一が自ら望んだかたちだった。「殉職は、自分の希望だった。死ぬときは、カッコよく死にたくない。人間、いざ死ぬとなったら、カッコなんかつけていられるわけがない。『灰とダイヤモンド』のチブルスキーの死に様もそうだった。おれの答えは決まっていた、犬死にだ」（同書、六六頁）。まさにアンチカリスマとしての真骨頂と言えるだろう。

萩原健一のアナーキー志向

そんな演技観に深い影響を及ぼし、殉職シーンの発想源にもなった『灰とダイヤモンド』を、萩原健一は「あのアナーキーな作品」（同書、五六頁）と評する。

ただしそこには、「アナーキー」という言葉から通常連想するような政治的意味合いは感じられない。『灰とダイヤモンド』もまたひとりの男性の青春の輝きとその挫折を描いたものであるように、むしろここで萩原の言う「アナーキー」とは精神の問題、つまり既存の権力や権威、世間の常識に一切束縛されることのない自由への渇望と受け取るべきだろう。俳優としても、そして人間としても、萩原健一の生き様には、そうした絶対的自由のためには妥協しないという過激さが行動原理として貫かれていたように思える。

水谷豊とコンビを組んだ『傷だらけの天使』は、そうした萩原健一のアナーキー志向が見事に体現された記念碑的作品だった。

もちろん、まず萩原演じる木暮修の役柄がそうである。修は、離ればなれに住む幼い息子の存在がありながら、その日暮らしの気ままな生活をやめない。いわば根無し草のような存在だ。

そしてそれゆえに自由で独立もしている。雇い主である綾部貴子に対しても、筋が通らないと思えば真っ向から異議を唱える。上下関係を重んじ、勤勉に働くのをよしとする世間の常識からすれば不良だが、それゆえにその一挙一動は自由奔放な魅力に満ちあふれている。

演技面だけでなく、制作現場においても、萩原健一のアナーキー志向は発揮された。

萩原は、自らを「創作家」であると考えていた。そのことをGS時代のライバルだった沢田研二と自分を比較しながら、こう語っている。沢田研二は「ぼく（引用者注：萩原健一のこと）のように決して自ら主張せず、誰かが創作した歌を与えられ、それを誠実に歌う。プロデューサーがつくりあげたイメージを存分に表現してみせる」。それに対し、「おれは違う」と萩原は言う。「自分のイメージは自分でつくって、たとえ与えられた歌でも歌いたいように歌いたい。自分は創作家であって、創作をしたかった」（同書、二七頁）。

そう自負していた萩原健一にとって、『傷だらけの天使』はめぐってきた絶好のチャンスだった。

第2章でも述べたが、『太陽にほえろ！』に対し、彼はセックスをちゃんと扱わないことに不満を抱いていた。それは家族が揃って視聴する夜八時台の放送ということを踏まえた、スタッフのある意味理解できる配慮だったが、創作家として人間の生々しい部分を表現することにこだわった萩原健一にとって、到底納得できる理由ではなかった。夜一〇時台の放送になった『傷だらけの天使』は、その点自由な創作を求める創作家としてめぐってきたチャンスだった。

実際、萩原は、プロデューサーや脚本家の市川森一とともに、キャラクターや設定を決める段階から作品に参加した。木暮修と乾亨のコンビも、そのなかで誕生した。また監督を選び、音楽と衣装を決めたのも、彼自身だった。撮影スケジュールが押し、脚本が間に合わないときは自分でセリフを書くことさえあった（同書、六九―七八頁）。

したがって、『傷だらけの天使』の萩原健一の演技は自由だが、一般的に言うアドリブとも異なっている。決まった脚本は守りつつ、それを部分的に崩して一味付け加えるのがアドリブだとすれば、『傷だらけの天使』では役柄から作品全体の雰囲気まで、作品の世界そのものを萩原は自らの手で創造しようとしていた。木暮修から発散される強烈な、ギラギラしたエネルギーは、そんな創作家であろうとした演技者・萩原健一その人に源を発するものだったと思える。

松田優作の足跡、アクションスターとしての出発

一方松田優作にも、萩原健一と似たイメージがある。眼光鋭い表情に独特の低い声、そしてカーリーヘアーに長身の体形が醸し出す凄みには、やはり萩原と同様の不良性の魅力があふれている。

むろん、『太陽にほえろ！』で萩原健一の後任の新人刑事・ジーパンこと柴田純役で人気を博したという縁も、そうした印象を強めているだろう。殉職シーンが、「なんじゃこりゃあ」というセリフとともにいまも語り草になっているところも共通している。また最後の出演映画になった『ブラック・レイン』（一九八九年公開）で演じたヤクザ・佐藤役の強烈なインパクトも、いっそう不良のイメージを強めたことは間違いない。

しかし、もう少し注意深く見てみると、二人のあいだには俳優として目指すところにおいて見逃せない相違点もあったように思われる。以下では、松田優作という俳優の足跡を簡単に振り返りつつ、その点について考えてみたい。

松田優作は、一九四九年山口県下関市生まれ。アメリカの高校に親の命で入学するも、中退して帰国。その後東京の高校に通ったあと大学に進学した。ただ少年時代からスターになりたいという強い思いを抱いていた彼は、その頃すでに演劇活動に打ち込むようになっていた（松田美智子『越境者 松田優作』新潮文庫、二〇一〇年、第1章）。

一九七二年に文学座に合格。その先輩である村野武範が日本テレビの学園ドラマ『飛び出せ！青春』に主演していた関係で同番組のプロデューサー・岡田晋吉に紹介され、それをきっかけに前述のジーパン刑事役に抜擢されることになった（岡田晋吉『太陽にほえろ！伝説――疾走一五年私が愛した七曲署』日本テレビ放送網、二〇〇三年、六八頁）。

松田はその後しばらく、『太陽にほえろ！』出演によって定着したアクション俳優のイメージに沿った役柄を演じ続けることになる。中村雅俊とコンビを組んだ刑事ドラマ『俺たちの勲章』、暴走族と対決する教師を演じた映画『暴力教室』（一九七六年公開）、さらに殺し屋に扮した『最も危険な遊戯』『殺人遊戯』『処刑遊戯』の「遊戯シリーズ」（一九七八年から一九七九年にかけて公開）、『蘇える金狼』（一九七九年公開）、『ヨコハマＢＪブルース』（一九八一年公開）などである。

そのなかで、常軌を逸したとも思える徹底した役づくりが話題に上るようになった。特に大藪春彦の同名ハードボイルド小説が原作の映画『野獣死すべし』（一九八〇年公開）は有名で、役柄に合わせて一〇キロ減量するだけでなく、頬をげっそりと見せるため奥歯上下四本を抜いた。またひっそりと生きる主人公の雰囲気を出したいがために、真剣に足を五センチ切ろうと考え、方法がないか調べてみたりもしたという（松田優作・山口猛『松田優作、語る』ちくま文庫、二〇〇三年、七一―七二頁）。

松田優作の目指した〝普通のひと〟

こうしたエピソードからうかがえるのは、俳優・松田優作の「削ぎ落とす」ことへのある種マニアックなこだわりである。しかもそれは、見た目に関することだけでなく、演技そのものにおいて目指すところでもあった。この頃、「アクションなら千葉真一さんや真田広之君がいるじゃないか。俺は彼らにはかなわない。俺が身体を鍛えているのは、アクションのためではなく、俳優として身軽でいたいからだ」と語っていたというのも、その印象を強める（前掲『越境書 松田優作』二一三頁）。

実際、一九八〇年代に入ると、松田優作は〝アクションヒーロー〟と並行して〝普通のひと〟を演じることに情熱を傾けるようになる。それは、「固定されることを嫌う」彼の俳優としてのポリシーから来るものでもあった（同書、二三四頁）。そしてそこに、アナーキーであろうとした萩原健一と袂を分かつところがあった。

森田芳光監督と組んだ映画『家族ゲーム』（一九八三年公開）では大学七年生の家庭教師役、同じく夏目漱石原作の『それから』（一九八五年公開）では高等遊民役を演じ、また向田邦子原作のホームドラマ『春が來た』（テレビ朝日系、一九八二年放送）では、桃井かおりの恋人役を演じた。それぞれ役柄は異なるものの、日常の風景のなかに存在する〝普通のひと〟という点では共通していた。そうした松田優作の一連の取り組みには、時代の装飾を削ぎ落とし、普遍的なものに迫ろうという執念のようなものさえ感じられる。

ただその一方で、松田優作が演じる〝普通のひと〟には独特な、こう言ってよければ狂気を帯びたようなところがある。たとえば、『家族ゲーム』で演じた家庭教師・吉本勝《しょう》はいつも無表情で不気味だ。そして時には突然暴力的になることもある。だがその真意とするところは、よくわからない。

そう見える理由は、「引き算の美学」が貫かれているからだろう。この作品においては、音楽がまったく入らず、生活音を強調するなどの演出面でもそうだが、松田優作の演技においてもその美学は一貫している。誇張した演技はもちろんのこと、説明的な演技が徹底して削ぎ落とされた結果、ほとんど「無」の状態になった人物がそこにただ存在する。

そのなかで、ほとんど唯一アクションがあるとすれば、それは乾いたユーモアだ。『家族ゲーム』は、その意味で優れたコメディである。「無」の状態は、見ようによっては飄々《ひょうひょう》とした雰囲気を醸し出す。吉本は、いつも植物図鑑を持ち歩き、家庭教師をしている時間でもそれを眺めていたりする。また飲み物という飲み物は、なんであっても一気に飲み干す。その理由はやはりよくわからない。だがその無意味な行為の蓄積が、なんとも言えない可笑しさを誘う。

こうした「真顔で冗談」とも呼ぶべきユーモアのセンスは、松田優作を松田優作たらしめるひとつの大きな要素でもあった。当たり役のひとつ、私立探偵・工藤俊作を演じた『探偵物語』（日本テレビ系、一九七九年放送開始）でも、そのセンスは随所に発揮されていた。

ただ、そうした「真顔で冗談」的なユーモアは、表面上は平穏を保っている日常、ひいては世の中全体への大いなる不満の表れであったようにも見える。それは、松田優作というひとりの人間としては、周囲からはうかがい知ることが難しい、在日コリアンという出自に対する複雑な思いから来るものであったかもしれない。だが一方でそれは、俳優として日常を演じるなかで、さらにその向こう側を表現したいという思いから出てきたものではなかっただろうか。

『家族ゲーム』の最後、家庭教師先の家族と合格祝いの晩餐をともにした吉本は暴れ出し、テーブルをひっくり返して去っていく。結局、いくら歓迎されても部外者である吉本は、どこにでもある平和な家族の日常に溶け込むことはできない。吉本は、どこまでも孤独なのだ。

水谷豊は「さびしい人」

松田優作が水谷豊のなかに見て取っていたものも、同じ孤独であったかもしれない。萩原健一が『傷だらけの天使』で相棒役に抜擢してくれた恩人だとすれば、松田優作は水谷豊にとって生涯の親友であった。

二人の出会いは、水谷豊が『太陽にほえろ！』にゲスト出演したときにさかのぼる。そのなかで、初日に砂の上にふたりで転がり、顔を見合わせて笑うシーンの撮影があった。松田優作も水谷豊も、役のうえだとしても初対面の人間を相手に自然に笑えるタイプの人間ではなかった。だがこのときは違った。水谷豊は振り返って言う。「おれは、いきなり会って笑うなんてことができないんだな。芝居でもね。それが、あのときは笑えた。不思議に自然に笑えた」。その感覚は、「笑えたよ、おれも」と返す松田優作も同じだった（前掲『松田優作、語る』二二三―二二四頁）。

互いの仕事に対しても、二人は尊敬し合っていた。水谷豊が『青春の殺人者』の仕事をやろうかどうかと迷っているときに、松田優作は「やれ」と勧めた。そしてそのときの演技で『キネマ旬報』の主演男優賞を水谷豊が獲ると、「うれしくて嫉妬しちゃう」と松田優作は彼らしい言い回しで祝福した（同書、二七頁）。

そうした〝嫉妬〟は、水谷豊の側にもあった。それはたとえば、松田優作のテレビドラマを見て感じるものだった。「おれ（引用者注：水谷豊のこと）がテレビなんかやってると、どうも思うようにできなかったりすることがあるんだ。そういうとき、優作さんのテレビ見たりして、よかったり、わかったりするんだ。そうすると、テレビの仕事がおもしろそうに思えてくる。テレビの仕事ってちょっときついけど、おもしろくなるんだな」（同書、二七頁）。

一方、松田優作は、「おれは豊のファンなんだ」と言う。それは、水谷豊のことを「見てていてさびしい人」と感じるからだ。「さびしい人だよ、豊は。たったその言葉だけでかたづけてしまうのは非常につらいけど、さびしい人だよ。生活とかそういうことじゃなくて背景がね。ゼロ歳から二五歳のいままでのその背景がね。二五年間、目いっぱいつき合っているわけじゃないけど、なんとなくわかるんだ。（…）豊の持っている顔とか、かたちとか、そのへんのところから、おれは勝手に感じるんだけど、なんかすごくさびしい感じがするんだな」（同書、二七―二八頁）。

ここで松田優作は、「さびしい」という言い回しで水谷豊という人間のなかにある孤独を直観的に感じ取っている。それは、先ほども書いたように松田優作のなかにも同じようにあったものだからだろう。その意味で二人は孤独であることを共有し、親友になった。

そしてその感覚は、相手の俳優としての仕事への尊敬にもつながった。演じることもまた、孤独な作業だからだ。俳優業は、これという明確なゴールがあるわけではない。したがって、ある意味失敗と反省の連続だ。

だがそれでも、時には自分自身のなかで達成感を得ることもある。ただしそれは、わかりやすく目に見えるものではない。とはいえ、それを言葉にせずともわかってくれる人間もまれにいる。松田優作と水谷豊は、そんな以心伝心の関係だった。

「孤独」と「情熱」の弁証法――水谷豊にとっての演じること

そうした孤独が水谷豊本人だけでなく彼が演じた役柄にも通底するものだったのは、繰り返すまでもなく明白だ。

水谷豊が学園ドラマで演じた不良役が、まずそうだった。第1章でも書いたように、『泣くな青春』の守屋親造は〝わかりにくい屈折〟を抱え、同じ不良仲間からも取り残される孤独な存在だった。まさにその役柄は、松田優作の言う「さびしい人」だった。

そして、そうした孤独な存在の彷徨をいわば神話的に描いたのが、『青春の殺人者』であった。

斉木順は、「親殺し」というショッキングな罪を犯す。しかしそこに、やむにやまれぬ明確な動機はない。監督の長谷川和彦の言葉を再び借りれば、「ウロウロした悩みが結果として親殺しになる」にすぎない。つまり、斉木順という人間の根底にあるのも、守屋親造と同じ〝わかりにくい屈折〟、本人ですらはっきりわからない屈折である。だから、たとえ親を殺してもそこに答えなどなく、映画のラストシーンのように、斉木順はひとりでいずことも知れぬ場所へと旅を続けることになる。

『泣くな青春』では、挑戦的不良と逃避的不良の違いが説かれ、目の前の現実から逃避せず、そこに挑んでいく挑戦的不良になることが求められていた。そうであることによって、孤独な不良は自立し、真に自由になることを志向する。そしてなんらかの事に情熱的に打ち込み、目標を実現しようとする。

ただしそれは、容易な道ではない。むしろ水谷豊が演じる若者はしばしば過酷な試練にさらされ、運命に翻弄される。

アニキと慕う木暮修とともに新たな土地でともに暮らそうと夢見る『傷だらけの天使』の乾亨は、根無し草のような生活をやめて真面目に働き始める。だが無理がたたり、命を落としてしまう。『赤い激流』は最後こそハッピーエンドだが、せっかくピアノに情熱を傾けるようになった田代敏夫は、親殺しのあらぬ嫌疑をかけられ、挙句の果てに死刑判決まで受けてしまう。

そういう点では、『男たちの旅路』の杉本陽平は対照的だ。陽平は、親のような吉岡晋太郎と激しく対峙し、そして最後は吉岡を窮状から救うことで、自立を果たした。しかしそれも束の間、吉岡の元から離れ、また旅立ってしまう。

孤独から逃れようと情熱を傾けながら、また孤独を選んでしまう。それは一見矛盾した振る舞いだ。だが演じるという側面から見れば、「芝居というものは、演じる側の生き様がそれを意識しないときに表れてくるもの」と語っていた俳優・水谷豊にとって、その時々の真実の自分に出会うため必要なプロセスであるに違いない。その意味において、「孤独」と「情熱」の弁証法とも呼びたくなるこうしたプロセスの反復への欲望こそが、個々の作品における役柄を超えて水谷豊の俳優人生を突き動かしてきたものであるように思われる。

そんな「孤独」と「情熱」が変転する様を一瞬一瞬で切り取れば、つかみどころがない印象も受ける。アナーキーな方向に針が振れるときもあれば、人懐っこく親しみやすい方向に針が振れるときもある。『熱中時代』シリーズの北野広大も、満面の笑みを浮かべやさしく子どもたちに接していたかと思えば、突然考え込み、他人を寄せつけないような表情になる。だがそのソフトさとシャープさのくるくる変わるめまぐるしさこそが、俳優・水谷豊の唯一無二の魅力にもなっていた。

〝無表情の美学〟――俳優・水谷豊の到達点

こうした「孤独」と「情熱」の共存は、同時代を生きた萩原健一や松田優作にもそれぞれのかたちであったものだ。萩原健一は、並外れた熱量を帯びた不良性を通じてアナーキーさを体現しようとした。また松田優作は、並外れたストイックさで極限まで「削ぎ落とす」ことを厭わず〝普通のひと〟を追求した。

だが明らかに違っていたのは、水谷豊が他の二人よりも俳優としてゆっくりと成熟していったことだった。一九六〇年代に子役からスタートした水谷豊は、時おりインターバルはあったものの、コンスタントにドラマや映画に出演し続けた。そして二時間ドラマへの出演を経て二〇〇〇年代になったとき、出会った作品が『相棒』であった。

そんな長い旅の末に水谷豊がたどり着いたもの、それは杉下右京の〝無表情〟だった。そこには、俳優・水谷豊が「孤独」と「情熱」の変転の果てにようやく到達したひとつの境地がうかがえる。

右京は、いつも無表情だ。そこから感情を読み取ることは難しい。確かにそれは、いつも冷静沈着という人物設定から来るものでもあるだろう。しかし、『相棒』を見続けていると、右京の無表情には、それだけでなく豊かな感情や思いが隠されていることがわかってくる。凪の状態でも海面の下には実はさまざまなものが盛んに動いているように、無表情の下にはさまざまな感情や思いが激しく渦巻いているのである。

そしてその激情は、周囲とのやり取りのなかで時々表面に飛び出してくる。なにか気になる言葉や聞き捨てならぬ言葉が相手から発せられたときに出る「はいぃ？」というおなじみのセリフもそうだろう。そのとき私たち視聴者は、杉下右京は冷静なひとというよりも、むしろ熱いパッションのひとであることを実感する。

前にふれた、右京が静かに激昂するシーンもそうだ。犯人が自分の犯した罪にもやむを得ない理由や正当な理由があるかのように主張するとき、それまで静かに聞いていた右京が犯人に接近し、それを激しくたしなめる。

それは、自分の理想とする正義を貫こうとする右京にとって当然の振る舞いだ。しかし、それならばなぜ、右京は声を大にして怒らないのか？　いつもぷるぷると頬を震わせ、これ以上はないくらい激しい怒りをあらわにしながらも、なぜそのトーンは静かで抑えたものになるのか？　それはおそらく、自分の信じる正義が唯一絶対のものにはなっていないことを右京もわかっているからだ。だがそれは正しい、と思う。だから自分の胸の内に秘めておくのではなく、主張しなければならない。それはとても孤独な闘いだ。

つまり、ここにも「孤独」と「情熱」の弁証法がある。そしてここでのそれは、正義という社会的次元の問題にかかわるものである点で、いちだんと複雑なものになっている。あるときは孤独で、またあるときは情熱的というよりは、常に孤独と情熱がそこで均衡状態を保っている。杉下右京の無表情には、「孤独」と「情熱」が充満している。あの印象的な無表情は、その緊張感から来る表面張力が生み出したものなのだ。

そうみるとき、俳優・水谷豊はまったく変わっていない。もちろん人生経験の積み重ねによる人間的な成熟はあるだろう。また作品による演技プランの違いもあるだろう。しかし、彼にとって演技がその時々の真実の自分に出会い、新たな自分自身を発見するものであることはずっと同じだ。だからこそ、杉下右京の無表情は美しく、その〝無表情の美学〟は俳優・水谷豊の到達点であると言えるに違いない。

第6章

テレビドラマの申し子

ジャンルを極める

テレビドラマの申し子、水谷豊

物語を表現する形式にも様々なものがある。小説もあれば、戯曲もある。漫画もあれば、映画もある。そしていうまでもなく、テレビドラマもそこに入るだろう。

第1章で、テレビに夢中になった少年時代の水谷豊が、テレビという箱の中にいつか自分も入ってやろうと夢見たというエピソードにふれた。そしてその後、児童劇団に入った水谷少年は、子役という立場でその夢を叶えることになる。

それからおよそ五〇年余り、水谷豊は、ほぼ途切れることなくテレビドラマに出演してきた。そのジャンルも実に多彩だ。デビュー作にして初主演となった『バンパイヤ』のような特撮ドラマから始まり、学園ドラマ、刑事ドラマ、さらに本章でこの後ふれるようにホームドラマまであった。一方で、山田太一脚本による『男たちの旅路』のようなメッセージ性の強い骨太の人間ドラマ、あるいは大映ドラマ『赤い激流』のような独特の演出による個性的なドラマもあった。

こうしてそのキャリアを振り返るとき、第一線での息の長い活躍と併せ、水谷豊という俳優を、大げさではなく〝テレビドラマの申し子〟と呼びたくなる。

しかしながら、水谷豊は、数多くの出演作のなかで、役柄を器用に演じ分けてきたようにはあまり見えない。むしろどの作品を見ても、演技の巧拙を超えて、「これぞ水谷豊」としか言いようのない一貫した存在感がある。そしてそれによって、しばしばテレビドラマというものがその大衆性ゆえに陥りがちな紋切り型の表現に揺さぶりをかけ、さらにはそこに風穴を開けてきた。

テレビの最大の魅力は、意外性にある。それはジャンルを問わない。いつの間にか出来上がり、私たちを束縛するお決まりのパターン（テレビドラマに関して言えば、それは脚本、演出、演技などあらゆる面で存在する）から私たちを解放し、見る自由を取り戻してくれる意外性。その快楽を味わうために、私たちはテレビを見るのではなかろうか。

テレビドラマにおける水谷豊は、そうした意外性の快楽を味わわせてくれる点でも稀有な俳優である。では、それはどのような意味においてなのか？　この章では、特にいまふれたお決まりのパターンの存在と密接な関係にあるドラマの「ジャンル」という側面に焦点を当てながら、テレビドラマの申し子・水谷豊の魅力について掘り下げてみたい。

学園ドラマはどのように始まったのか

まずは学園ドラマから、始めよう。

学園ドラマの歴史は、一九六〇年代にさかのぼる。特にジャンルとして確立されたと言えるのが、一九六〇年代中盤に作られた日本テレビの一連の学園ドラマからだった。当時、テレビの草創期によく放送されていたアメリカ製のテレビ映画（テレフィーチャー）にならい、日本製のテレビ映画を製作しようという機運が高まった。そこで人気ジャンルとなったのが、学園ドラマだったのである。

第一作は、日本テレビの『青春とはなんだ』（一九六五年）。物語の舞台は、旧い因習や価値観が残る閉鎖的な田舎町の高校である。そこにある日、アメリカ留学から帰国した新任教師が赴任する。野々村健介というその教師は、町の人びとの好奇の目もなんのその、アメリカ仕込みの行動力で生徒たち、そして学校を変えていく。

主人公の新任教師を演じたのは、東宝の専属だった夏木陽介。すでに数十本の映画出演歴があったが、まだブレークには至っていなかった。ところが、この『青春とはなんだ』は、日曜夜八時台という激戦区にもかかわらず、裏番組の大河ドラマ『源義経』やプロ野球のナイター中継といった強敵と互角に渡り合い、時には視聴率でそれらを上回るようになった（岡田晋吉

『青春ドラマ夢伝説』日本テレビ放送網、二〇〇三年、五〇―五一頁)。夏木陽介も、この作品で一気にスターとなる。

この成功を受け、日本テレビは同じ夏木陽介主演の第二弾を企画する。しかし、夏木に映画出演の先約があったため、先生役のキャスティングは白紙に戻ってしまった。スケジュール的な制約もあるなかで、スタッフは思い切って新人若手俳優を抜擢することを決める。それが、『これが青春だ』(一九六六年放送開始)の竜雷太である。そしてこの賭けは見事に当たり、ドラマも竜雷太も人気を博す。以後、学園ドラマの教師役には、『飛び出せ!青春』(一九七二年放送開始)の村野武範、そして『われら青春!』(一九七四年放送)の中村雅俊など、新人を起用するのが通例になった。村野や中村もまた、学園ドラマの教師役をきっかけに一躍人気俳優となった。

そこには、それらのドラマが、学園ドラマというかたちを借りたヒーローもののバリエーションだったということがある。この時期における学園ドラマの教師は、どこからともなく颯爽と学校に現れ、並外れた熱意と行動力で生徒の悩みを解決し、校長や教頭が首謀者となった学校の不正をただす。いわば、現実離れしたスーパーマンであった。そして世間からまだ先入観を持たれていない新人俳優は、そうした役柄に適した存在でもあった。

水谷豊が演じた不良生徒の新しさ

こうしたヒーローもの的なストーリー展開の背景に、戦後におけるアメリカと日本の関係を読み取ることも可能なはずだ。『青春とはなんだ』がまさにそうだったように、基本構図は、アメリカ流の民主主義に対する封建的な日本社会というものである。当然、前者が正義で、後者は悪。そして物語は、「新任教師＝アメリカ」の勝利に対する封建的な学校上層部やＰＴＡの敗北で終わる。

そしてもうひとつ、物語において重要な役回りを演じるのが、アメリカという理想を体現する若き教師に反発する不良生徒だった。

学園ドラマが若手俳優の登竜門であることは、いまも昔も変わらない。学校が舞台になる学園ドラマには、当然生徒役が必要だ。そして年齢的な条件もあって、新人、あるいは新人同様の俳優がここでも起用されることになる。

そのなかで不良生徒役は、物語的にも目立つポジションであり、実際それを演じた俳優が、学園ドラマへの出演をきっかけにしてブレークすることも多かった。たとえば、『飛び出せ！青春』の不良生徒役の石橋正次などはそのひとりで、歌手としても「夜明けの停車場」

（一九七二年発売）をヒットさせ、『NHK紅白歌合戦』にも出場した。

ただ、不良生徒は、他方で新任教師の引き立て役でもある。学園ドラマの不良生徒役がたどる道筋には、お決まりのパターンがあった。最初は激しく新任教師に反発し、対立もするが、実は不良生徒自身も親との関係などなんらかの問題を抱え、悩んでいる。そしてそのことに鋭く気づいた教師が、持ち前の熱意と行動力で問題を解決に至らしめる。すると、教師の真剣な思いにふれた不良生徒の側も改心し、スポーツなどに打ち込むようになる。この場合、スポーツは健全さの象徴であり、種目はラグビーやサッカーなどのチームスポーツ、つまり仲間との協調性が必要な競技、顧問は当の新任教師というのも定番的なパターンだった。

この熱血教師と不良生徒の関係にも、戦後におけるアメリカと日本の関係に例えられる面があるだろう。ここでの不良は、日本人としての自我の目覚め、いわばナショナリズム的な心性の表現である。敗戦から二〇年ほどが過ぎても、日本人のなかにはまだ反米的な感情は消えていない。ただしそれもすでに、ちょっと遅い思春期がもたらす親への反抗期程度のものになっている。結局「不良＝戦後日本社会」は、誰よりも「教師＝アメリカ」に心酔するようになっていく。そこには、戦後日本社会の持つ一面がメタファーとして表現されている。

第1章で述べた通り、水谷豊も、『泣くな青春』（フジテレビ系）においてメインとなる不良生徒役を演じていた。しかし、彼が演じた守屋親造は、いま述べたようなお決まりのパターンには従わない。彼は、改心しない。不良は不良のままである。その点、新しかった。

とはいえ、守屋は、決して意味もなくひねくれたり、すねたりしているわけではない。彼は、貧しい家庭環境のなかで進学する機会すら奪われ、自分の身一つで道を切り開かざるを得ない境遇にあることを自覚し、受け入れている。そして主人公の教師・大和田（中山仁）のほうも、不良を改心させようとはしない。自身が元不良だった経験を踏まえ、逃避的不良ではなく、目の前の現実に立ち向かっていく挑戦的不良になることを説く。

ここまで述べてきた〝学園ドラマにおけるアメリカと日本〟という観点からみるとき、こうした『泣くな青春』のストーリー展開の背景には、当時戦後日本社会が歴史の転換期を迎えていたことがあるように思える。

『泣くな青春』は、一九七二年に始まった。一九七一年にドルショックがあり、ちょうど日本の高度経済成長にはっきりと陰りが見え始めた頃である。さらに一九七三年にはオイルショックがあり、高度経済成長は終焉を迎える。つまり、この時期、日本社会は敗戦からの復興のプロセスに一区切りをつけようとしていた。そしてそれは、庇護者であったアメリカとの関係を再考するタイミングでもあった。そのことを踏まえるとき、元不良の大和田による「挑戦的不良のすすめ」は、依然アメリカの影響下にはありながらも、日本社会独自のありかたを本格的に模索する時代の兆しを感じさせる主張ととれる。

『熱中時代』が示したラディカルなユートピア

『熱中時代』とは、学園ドラマというジャンルにおいて、そのような日本社会の自立への模索が試みられた作品だったように思える。舞台が小学校であったことは、その意味で好都合だった。小学校の教師は、クラスという〝小さな社会〟を先頭に立って創造することができる立場にあるからである。

すでに述べたように、この作品では、クラス一人ひとりの生徒の意思が尊重され、全員が対等に扱われる。その意味では、アメリカ的な民主主義の理想を具現しているように見える。しかし、よく見ると実はそうではない。北野広大が築こうとしているのは、それとはまた別のかたちの理想的民主主義である。

このドラマのなかに登場する「グーチョキパー」のルールは、その端的な例だ（第一シリーズ第五話「ぼくの先生はフィーバー」）。

広大が生徒に向かって問題を出し、「わかったひとは～？」と呼びかける。授業中のごくありふれた光景だ。しかし広大は、わかった生徒しか手を挙げられないのはよくないと考える。そこで決めたのが、「グーチョキパー」のルールだ。「絶対に自信のあるというひと」はパー、

「たぶんそうじゃないかなあというひと」はチョキ、そして「全然わからないけど、ひょっとしたら間違って当たっちゃうんじゃないかなあというひと」はグーを挙げる。そうすれば、手を挙げられない生徒はいなくなる。「グー」と「チョキ」と「パー」が同時に出る教室の風景。それは「あいこ」、つまり勝ち負けのない、絶対的に平等な世界だ。

そこには、学園ドラマというジャンルが本質的にはらむユートピア性が如実に表れている。たとえば、『飛び出せ！青春』や『われら青春！』の舞台となった太陽学園は、無試験で希望者全員が入学できる高校だった。それと同様に、「グーチョキパー」のルールが定められた広大のクラスも、一種の理想郷と言えるだろう。

だが、『飛び出せ！青春』や『われら青春！』の場合は、入学後もユートピア的状態が続くわけではない。優等生と不良の対立、不良生徒を害悪のように見る校長や教頭、そして受験地獄。そこには、成績という尺度によって序列化されたヒエラルキー、そして競争原理がある。『飛び出せ！青春』で水谷豊が演じる生徒が引き起こしたカンニング騒動（第1章を参照）も、そうしたなかで生まれたエピソードだった。つまり、学園ドラマというジャンルは、多少なりとも現実の世界を反映させることで、物語の起伏を生み出してきた。

『熱中時代』の小学校という設定は、その点でも従来の学園ドラマが維持してきたジャンル性を揺るがす面があった。シリーズのなかには塾と学校の教育方針の対立を描いた回もあるが、受験とは比較的無縁な小学校、しかも低学年のクラスという舞台設定のなかで、広大、そして校長や同僚教師たちによって終始学校のユートピア性は守られる。

とはいえそれは、単なる理想のための理想、建前的な理想の主張ではない。北野広大は、大人の常識にとらわれず、時に自ら身を賭してラディカルな行動に出ることによって理想郷を守ろうとする。第3章でもふれたように、生徒と協力して卵を温め、ひよこに孵そうとする広大の姿は、その証しだ。

当時九歳の原田潤が歌い、ヒットした「ぼくの先生はフィーバー」(一九七八年発売)は、『熱中時代』第一シリーズ(教師編パート1)の主題歌である。そのなかで北野広大は、「ぼくらのヒーローさ」と歌われる。それは広大が、「どんな時だって口笛を吹いてくじけない男」だからだ。そんな北野先生は、「ワイシャツのボタンが はずれていたりするけど」「さわやかな風」のような存在だ。

そこには、従来の学園ドラマとは異なる新しいヒーロー像がある。それまでの学園ドラマの教師が、並外れた熱意と行動力で生徒の抱える問題をひとりで解決に導くスーパーマン的ヒーローであったとすれば、『熱中時代』の北野広大は、常に生徒とともに闘うヒーロー、喩えていうなら戦隊的ヒーローだ。スーツ姿は似合わない。いつもジャージ姿で生徒とともに遊び、走り回る。そうして生徒と対等な立場で接するなかで、誰よりも早く悩んでいる生徒の存在に気づき、話に耳を傾け、ともに解決しようとする。その新しいヒーロー像は、『熱中時代』の直後に始まる武田鉄矢主演の『3年B組金八先生』シリーズ(一九七九年一〇月放送開始)への道をも切り拓くものであった。

水谷豊の刑事役、その歴史

さて、ヒーローが登場するドラマジャンルの最たるものと言えば、刑事ドラマだろう。そこでは、必ず犯罪が起こり、その解決に向かってストーリーは進む。複数の事件が絡むなど複雑な展開になることももちろんあるが、「事件の解決」という基本自体は揺るがない。そして、そんなストーリーの中心になるのが刑事(あるいは、そのバリエーションとしての検察官や探偵など)である。事件を解決することによって、被害者やその家族、恋人らを絶望から救うことになる刑事は、まさにヒーローそのものだ。

水谷豊が初めて刑事役を演じたのは、一九七四年一〇月にスタートした『夜明けの刑事』(TBSテレビ系)だった。

『夜明けの刑事』の主演は、コント55号のメンバーでもあった坂上二郎。彼が演じる鈴木勇は叩き上げの人情派刑事で、「スッポン刑事」と呼ばれるほど捜査での粘り強さには定評がある。劇中では、この鈴木刑事と熱血漢の若手刑事とがコンビとなって事件を解決するというのが、基本パターンだった。そして、その若手刑事・山本宏役を務めたのが、水谷豊である。と言っても出演は途中からで、一九七五年一〇月からの登場だった。

水谷豊の前に若手刑事役を演じていたのは、石橋正次である。彼が、学園ドラマの不良役でブレークしたことは先述した。この石橋のキャスティングには、一九七〇年代が、刑事ドラマに青春ドラマの要素が色濃く残る時代であったことを改めて思い起こさせる。

第2章でもふれたように、そうした「刑事ドラマ＝青春ドラマ」という図式を定着させたのが、『太陽にほえろ！』である。そしてそのパイオニア的役割を担ったのが、マカロニ刑事・早見淳を演じた萩原健一であった。

繰り返しになるが、そこで萩原健一は、刑事はヒーローであるという図式を覆そうとした。刑事もまた、生身の人間。迷うこともあれば、間違うこともある。そして死ぬこともある。その考えかたを具現化したのが、英雄的な死に方とはほど遠い、マカロニの無様な殉職シーンであった。萩原自身は、そのようにしてアンチヒーローとしてのポリシーを貫いたのである。

ただそれは、刑事ドラマというジャンルの幅を広げたかもしれないが、ジャンルそのものを揺るがすまでには至らなかったと言える。その後松田優作のジーパン刑事をはじめとした刑事たちの殉職シーンが、『太陽にほえろ！』という刑事ドラマの新たな売りになった点は否めなかった。誤解を恐れずに言えば、殉職シーンは、世間の耳目を集めるための一種の恒例行事のようになった。

ここまで再三述べてきたように、水谷豊は、『太陽にほえろ！』の直後に萩原健一が主演した『傷だらけの天使』（日本テレビ系）で共演したのをきっかけに、広く世に知られるようになった。そこでの水谷豊は、刑事とは対極にあるような不良、チンピラを演じた。『傷だらけの天使』の放送は一九七四年一〇月から一九七五年三月。つまり、水谷豊は、その半年後に『夜明けの刑事』に初の刑事役で出演した。それは、彼にとっても、大きな挑戦であったかもしれない。しかし、ドラマ自体がまだ続くなか、水谷豊演じる山本宏はたった半年で姿を消すことになる。

そしてそれから数年の後、水谷豊は、『熱中時代 刑事編』で再び刑事役を演じることになった。一九七〇年代の終わりに放送されたこの作品は、従来の刑事ドラマの定型を打ち破ろうとしたものであったと言える。

前にも書いたように、『熱中物語 刑事編』は、一言で言えば「ポップな刑事ドラマ」だった。ハードボイルドな刑事ドラマにせよ、人情派の刑事ドラマにせよ、刑事ドラマでは事件の背景や犯人の動機の部分が描かれるため、多少なりともシリアスな部分がつきまとう。だがそれゆえに、悲しみや割り切れなさが伴ったとしても、そこにドラマとしての深みも生まれた。苦さや重さは、刑事ドラマの大きな魅力のひとつでもあった。

ところが、『熱中時代 刑事編』は、そんな湿った部分を極力排除し、徹底して軽くあろうとする。プライベートでは甘い新婚生活を送り、「ゴキゲンだぜ！」と言いながら、変装したコスプレ姿で犯人と大立ち回りを繰り広げる早野武は、従来の刑事ドラマの主人公にはない、ひと味違う刑事像を提示している。

だがそれで、刑事ドラマというジャンルのステレオタイプを変えることができたかと言うと、そうはならなかった。恋愛ドラマやホームドラマの要素を盛り込んで新味を加えたとしても、刑事が事件を解決するヒーローであるという根本の部分は揺らいでいないからだ。

その点は、平成に入ってまだ間もない頃に同じく刑事役で出演した『ハロー！グッバイ』や『刑事貴族』シリーズにおいても変わらなかった。やはりそれが決定的に変わったのは、二〇〇〇年代の『相棒』においてであろう。確かに、『ハロー！グッバイ』はキャリア警察官でロンドンに赴任経験がある刑事役、『刑事貴族』は寺脇康文が演じる刑事とのバディ的な関係性という点で、ともに後の『相棒』をまるで予告していたような面がある。しかしそれらは、あくまで役柄のうえでの類似であって、刑事ドラマというジャンルにおける根本的な新しさを示したとは言いづらい。

『相棒』と刑事ドラマの革新

では、『相棒』は、刑事ドラマというジャンルのなにを変えたのか？　それは、「正義」の扱いかたである。

刑事ドラマとは、突き詰めて言えば正義を実現するドラマにほかならない。事件の真犯人の逮捕というのは、その最もわかりやすいかたちだ。『相棒』は、刑事ドラマの長い歴史のなかで、その正義をめぐる、新たなストーリーを紡ぎ出したのである。そこに、大きな革新があった。

まず、『相棒』は警察ドラマの要素を大胆に取り込んだ。

第4章で述べたように、刑事ドラマのなかに警察ドラマを定着させたのは、一九九〇年代の『踊る大捜査線』（フジテレビ系）である。ここで刑事ドラマのなかに、刑事と犯人という従来の対立に加えて、警察における個と組織の対立という新たな図式が持ち込まれた。「事件は会議室で起きてるんじゃない！　現場で起きてるんだ！」という有名なセリフも、『踊る大捜査線』の主人公、青島俊作が現場のいち警察官として、警察組織の上層部に対して突き付けたものだった。そして知られるように、『踊る大捜査線』シリーズは、刑事ドラマ史に残る大ヒット作となった。

しかしながら、このとき、刑事ドラマにおいて正義は分裂することになった。個としての警察官にとって、事件の解決は、なによりも勝る正義である。だが一方で、その事件が警察の秩序、ひいては社会の治安を脅かすものであると警察組織によって判断されたとき、逆に事件を解決しないこと、あるいは偽のかたちで解決することが、もうひとつの正義となる。

『相棒』にあっても、杉下右京と小野田公顕の関係に象徴されるように、この二つの正義の相克が、物語に深みとダイナミズムを与えている。要するに、警察ドラマという異分子を取り込むことによって、刑事ドラマにとって不動のものと思われていた「事件の解決」という基盤が、根底から揺らぎ始めたのである。

しかも『相棒』の場合、警察ドラマという面に比重を置いた『踊る大捜査線』に対し、杉下右京という特異なキャラクターを主人公にすることで、二つの正義がより近接し、常に緊張感をはらむ関係に置かれている。杉下右京は、そのずば抜けた事件解決能力のゆえに、どんな難事件であっても真相に迫ってしまう。しかしその結果、右京は、組織、さらには社会という壁に往々にして直面することになる。それは同時に、右京の正義が絶対的なものではなくなる瞬間でもある。組織の側から言えば、キャリア警察官でありながら自分たちに従わない右京は、彼らの正義にとってむしろ迷惑な存在であり、「悪」でさえある。

つまり、右京は、ヒーローでもアンチヒーローでもある。さらに言えば、ヒーローであるとしても、単純なヒーローではない。妥協を許さぬ徹底した自らの正義へのこだわりゆえに、時に違法な手段を使っても事件を解決しようとする。実は、杉下右京において正義と悪の境界は曖昧である。その点、杉下右京という存在を掘り下げていくと、得体の知れない不気味なものに突き当たるような感覚がある。彼は、正義も悪もすべて飲み込んだブラックホールのような存在だ。

この杉下右京という、刑事ドラマというジャンルを革新するような画期的な役に行き着くまでに、水谷豊は、多くの刑事役を演じてこなければならなかった。それだけ、刑事ドラマの「事件の解決」というフォーマットは堅固で、したがって刑事ドラマというジャンルもそう簡単には揺るがなかった。ただ、その回り道は無駄ではなかった。先ほどもふれたように、杉下右京という役柄のなかには、水谷豊がそれまで演じてきた刑事の諸要素がモザイクのように組み合わされている。一見、沈着冷静な右京とは対照的な『熱中時代 刑事編』の早野武のポップささえも、右京が時折見せる変装のなかにちゃんと生きているのだ。

ホームドラマ『あんちゃん』――水谷豊と松田優作、再び

ここまで水谷豊の学園ドラマや刑事ドラマでの出演作を通して、テレビドラマのジャンル性、そして水谷豊がもたらしたそれぞれのジャンルの変容についてみてきた。ここで最後のジャンルとして、ホームドラマを取り上げたい。

水谷豊にホームドラマのイメージはあまりないというひとも多いだろう。実際、学園ドラマや刑事ドラマと比べると、ホームドラマへの出演はかなり限られる。だがそのなかには、印象的なものもある。それが、『あんちゃん』である。

水谷豊が演じるのは、田野中一徹。物語は、女子プロレスのマネージャー兼トレーナーをしていた一徹が、父の死を機に母（淡島千景）、妹（伊藤蘭）、弟（西山浩司）の暮らす郷里の鄙《ひな》びた温泉街に戻り、家業の寺を継ぐところから始まる。最初は渋ったものの住職となった一徹は、幼なじみの友人や地元の顔なじみの人たちの相談に乗るなどしながら、家族や町の人びととの

平穏な日々に幸せを感じるようになっていく。

しかし一方で、この『あんちゃん』では、そんな典型的なホームドラマの世界を根底から揺さぶるようなエピソードが描かれる。松田優作がゲスト出演した第一五回「なぜ彼らはジョーハツしたか?」と第一六回「緊急質問! キミはさすらい派か、定住派か?」がそれだ。

ある日、町の和菓子屋の主人（村田英雄）が、突然蒸発してしまう。町は大騒ぎとなるが、そこに山本倉三（松田優作）と名乗る正体不明の男が、その主人からの手紙を預かってきたと言って現れる。なぜ一緒に連れてこなかったのかと問い詰める一徹らに対し、山本は、むしろ「引き返す必要はない」と和菓子屋の主人に言ったと語り、自分も「出家」しているようなものなのだと告白する。そして、町で路上生活をし始める。

すると、実は人知れず悩みを抱いていた町の住人たちが、秘かに山本の元を訪れるようになる。「とりあえず、日常を脱却しなさい」という山本の言葉を聞いた住人たちは、次々と家出をして町からいなくなる。それを聞いて怒る一徹や残された家族たち。しかし、山本はやがて、町にいる女性たちのこころまでもつかみ、一徹の寺の本堂を借りて、女性たちと怪しげな集会を開くようになる。

一徹は、そんな山本の言動や振る舞いに一定の理解を示しながらも、どこか違和感を抱き続けている。そして山本が町の人びとのこころを大きく動かしている状況を見るに及んで意を決し、山本と対峙する。寺の本堂で、正座をした二人が向かい合い、激しく言葉をぶつけ合うこの場面は圧巻だ。

「逃げ出せば、悩みはなくなりますか？」と一徹は問いかける。それに対し山本は、そうすることで一度自分を見つめ直すのだと答える。「見つめ直したらどうすればいいんですか？」とさらに問う一徹。「気がつけばいいんです」と答える山本。

すると一徹は、山本に対し、「あなたはいったいどうなんですか？　一生さすらって、一生見つめ続けていくつもりですか？」と問い詰める。山本も、一徹に対し、「あなたは鈍感になっている」と反論する。それでも納得のいかない一徹は、安住の地を求めて旅をしているのではないのか、とさらに問いかける。突然声を荒げ、「安住の地などあるんですか？」と逆に問いかける山本。一徹もまた、「あります！」と負けずに強い口調で答え、「どこに？」と言う山本に対し、「この町のなかにころころ転がっています」と断言する。その言葉を聞いた山本は、「では町中を走り回って安住の地を探してきます」と言い、外へ出ていく……。

後日、山本は、自分の過去を語り出す。彼は北海道で炭鉱夫をしていた。そのとき、大きな落盤事故に遭う。一〇〇人もの仲間がそれで命を落としたが、彼一人が奇跡的に生き残った。しかしそのことを彼は喜ぶ気になれず、むしろそのことに強い負い目を感じるようになった。そして、亡くなった人たちのために「出家」することを思いつき、旅の生活を送るようになったのだった。それから一〇年以上が経った。

その話を聞いた一徹は、町全体を見渡せる山の上に山本を連れ出す。すでに夜になり、そこからは町の家々の灯りが見える。「どうですか、住んでみませんか、この町に」と切り出す一徹。すると山本は、「住んでみたいですね。いい街です、ここは」と言いながらも、「どうですか、一緒に旅をしてみませんか?」と逆に誘う。「してみたいですねえー」としみじみ語る一徹。そこからは無言で、二人は並んで町の夜景をずっと見ている。

そしてその翌朝、山本は誰にも告げず姿を消していた。廃坑になった炭鉱の社宅の近くに咲いていた花の種だけを残して。その種を大事に植える妹の徳子。「これ、何の花だ?」と尋ねる一徹に、「知らない。何の花かわからなきゃ、水をやんないの?」と徳子は答える。物思いにふけるような一徹の表情……。

ここで松田優作が演じる山本は、いうまでもなくホームドラマ的世界の破壊者である。平穏な日常こそが尊いというホームドラマ的価値観に正面から「否」と言い、人びとをその外の世界へと誘惑し、連れ出そうとする。

それに対し、一徹は、ホームドラマの世界の守護者のポジションにある。山本に対峙し、その言葉の矛盾を突き、必死に日常の世界を守ろうとする。だが、山の上での二人の会話からもわかるように、旅に出たいという欲望は一徹のなかにもある。そして無理やり山本を定住させようともしない。一言で言えば、一徹の胸中は揺れている。

しかし、最終的には、一徹は定住する人生を選ぶ。実は一徹は、家族とは血がつながっていない。捨て子だったところを現在の母に拾われ、育てられた。だがそれでも彼は、家族、そして町の人びととともに定住することを選ぶ。

この『あんちゃん』における第一五回と第一六回を見るとき、一九七〇年代にさすらう若者役を演じた後、職業を持ち、定住する大人の役への転換を遂げた俳優・水谷豊の軌跡がそこに重なるようだ。『傷だらけの天使』の乾亨も、そして『青春の殺人者』の斉木順も、安住の地を見つけたいという気持ちを抱きながら、結局その願いは叶わなかった。『男たちの旅路』の杉本陽平も、最後はどこかへ姿を消してしまっていた。いわば、彼らは山本の側にいた。しかし、『熱中時代』に至り、北野広大という役を得た水谷豊は、安住の地を見つける。ただしその安住の地もまた、血のつながった家族などではなく、天城校長を中心にした疑似家族的な共同体であった。

水谷豊の覚悟

共同体のなかの日々の暮らしに安住する人生は、波乱万丈の人生に比べて退屈で、面白みのないものに見える。だが本当にそうなのだろうか？　そしてそのような一見正論めいた言葉は、日常の暮らしとともにあるテレビの娯楽には深みがないという、やはりありがちな批判とオーバーラップするように思える。

しかし、その裏を返せば、テレビにはすべてをフラットにする力があるということでもある。

テレビはあらゆる階層秩序や上下関係を無効化し、大人も子どもも、あるいは社会的地位の高いひともそうでないひとも一様に対等にする力、すなわち平準化する力がある。それは、テレビが有する最大の特徴のひとつだろう。

ただそうしたなかで、テレビが私たちを真に感動させてくれるのは、そのフラットな世界になんらかの亀裂が入るときである。本章の冒頭で述べたテレビの意外性の魅力とは、同じことを私たち視聴者の側から表現したものだ。

テレビドラマの分野において、平準化をもたらす基盤になるのは、キャラクターやストーリーなど、さまざまな紋切り型のパターンの組み合わせとして構成されたジャンルである。本章では、水谷豊の出演してきた学園ドラマ、刑事ドラマ、そしてホームドラマについて、それぞれのジャンルのありようをみてきた。したがって、テレビドラマにおいて真の感動が生まれるのは、そうしたジャンルという堅固な基盤に亀裂が入るときだ。そしてその亀裂は、ジャンルを破壊しようという強い力に対してジャンルの側が全力で抵抗する拮抗した関係のなか、言い換えればぎりぎりまでジャンルの可能性を極めるなかでしか生まれない。

『あんちゃん』における一徹と山本の関係は、まさにそのようなジャンルをめぐる極限の緊張関係を表したものだろう。山本は、最終的には負けたように思えるかもしれないが、ホームドラマの外の世界が確かに存在することを私たちの脳裏に深く焼き付けた。そのことによって私たちは、視聴者としてドラマを見る自由、見る快楽を確実に得ることができた。

そして、ここで水谷豊が日常の暮らし、つまりホームドラマ的世界の側にとどまる一徹を演じたという点に、もちろんそれが意図されたものではないと知りつつも、テレビを自己の表現の場として選んだ彼の俳優としての覚悟を読み取れると考えるのは穿《うが》ち過ぎだろうか？　しかしながら、一方の山本という役を、水谷豊の親友であり同志でありつつ、最終的にテレビよりは映画の世界で自身を表現する道を選んだ松田優作が演じたことに、どうしてもそのような思いを禁じ得ないのである。

第7章

スターにも苦悩あり

戦後日本社会と水谷豊

スターの条件

スターの条件と言ってもさまざまだが、そのひとつは世の中の人びとがつい真似をしたくなるということではないかと思う。髪型やファッション、ポーズや表情、歌いかたやしゃべりかたなどなんでもよい。真似をすることで、形のうえだけでもその人のようになってみたいと思わせる。それがスターというものだろう。

もちろん、水谷豊もそのひとりだ。『傷だらけの天使』の乾亨のリーゼントに革ジャン姿のファッション、「アニキ〜」というちょっと甘えたような言い回しを真似する若者は多かった。また、『熱中時代』の北野広大の「〜だなー」といった北海道なまりの口調などにも、つい真似したくなる魅力があった。

一方、水谷豊よりもひと時代前の代表的なスターとして思い浮かぶのが、石原裕次郎だ。慶應義塾大学の学生だった裕次郎は、実兄・石原慎太郎の芥川賞受賞作を映画化した『太陽の季節』(一九五六年公開)の主人公の友人役でデビュー。続く二作目の『狂った果実』(一九五六年公開）で早くも主演に抜擢され、さらに『嵐を呼ぶ男』（一九五七年公開）をはじめ数々の主演映画が大ヒットするに至って、一気に若者のカリスマになった。

それに伴い、石原裕次郎の髪型やファッション、劇中での「イカす」（「かっこいい」の意）など独特のフレーズも、若者に真似された。特に後頭部と脇の部分を刈り上げ、前髪を垂らす「慎太郎刈り」は大流行。慎太郎刈りにサングラス、アロハシャツ姿で『太陽の季節』の舞台である湘南の海辺を闊歩する「太陽族」と呼ばれる享楽的な若者たちが出現し、話題になった。

水谷豊と石原裕次郎。この二人には、〝歌う俳優〟という共通点もある。ともに、自ら出演する作品の主題歌や劇中歌をたびたび歌った。水谷の歌手としてのデビューは一九七七年。「はーばーらいと」という曲だった。その後、歌の合間に〝ナンパ〟のセリフが入る印象的な楽曲「表参道軟派ストリート」がヒットもした。そして水谷豊の現時点での最大のヒット曲「カリフォルニア・コネクション」が『熱中時代 刑事編』の主題歌であったことは、前にも書いたとおりだ。

むろん、〝歌う俳優〟として活躍したのは二人だけではない。鶴田浩二や小林旭もそうだ。またグループサウンズからスタートした萩原健一は、俳優になってからも精力的に歌手として活動をした。松田優作も、音楽活動に熱心に取り組んだ時期があった。

だが〝歌う俳優〟として一世を風靡《ふうび》したという点では、石原裕次郎に勝る存在はおそらくいないだろう。『嵐を呼ぶ男』でのクライマックスで、ドラムを演奏しながら歌う有名なシーンは、ファンを熱狂させた。また「夜霧よ今夜も有難う」（一九六七年発売）は、いまも歌われるスタンダードナンバーだ。ほかにも「銀座の恋の物語」（一九六一年発売）、「赤いハンカチ」（一九六二年発売）、「俺は待ってるぜ」（一九五七年発売）など、映画の主題歌としてヒットした曲は枚挙に暇がない。

スターは不死身なのか？――石原裕次郎の不満

そんな石原裕次郎には、〝『紅白』出場辞退〟という知る人ぞ知るエピソードがある。いま述べたように、ヒット曲を連発し、歌手としても大スターだった石原裕次郎が『ＮＨＫ紅白歌合戦』に出場してもなんら不思議はなかった。だが裕次郎は、「歌手は本業じゃないので」という理由で断り、応援での出演はあるものの、結局正式な出場歌手としては生涯『紅白』に出演することはなかった（合田道人『紅白歌合戦ウラ話』全音楽譜出版社、二〇一九年、二〇頁）。

そこには、当時のスターというもののありかたも垣間見える。裕次郎の〝『紅白』出場辞退〟には、俳優と歌手はそれぞれ別個の専門職という分業意識がまずあったわけだが、さらに言えば、「俺は映画屋」というような、映画とテレビを明確に線引きする意識もうかがえる（長田暁二『歌謡曲おもしろこぼれ話』現代教養文庫、二〇〇二年、一三〇頁）。

いうまでもなく、石原裕次郎は、国民の娯楽として映画が最盛期にあった頃のアイコン的存在であった。

石原裕次郎が『太陽の季節』でデビューしたのは先述の通り一九五六年のことである。この年の映画館総入場者数は約九億九四〇〇万人。その後も増え続け、一九五八年には約一一億二七〇〇万人と史上最高に達した（日本映画産業統計）。

それはまさに、石原裕次郎が「裕ちゃんブーム」を巻き起こした時期に重なっている。一九五七年から六一年まで、出演本数そのものも多かった（一九五八年は八本に出演）にせよ、毎年三本から五本もの出演作が年間興行収入ランキングのベストテンに入るという圧倒的な人気ぶりだった（同統計）。いかに石原裕次郎が、映画界を支える「ドル箱スター」であったかがわかるだろう。

石原裕次郎が専属契約を結んでいた日活は、彼とともに小林旭、赤木圭一郎、和田浩二らを「日活ダイヤモンドライン」と称し、彼らを主役に据えたアクション映画路線で人気を集めた。そうしたなかで裕次郎が演じる役は、当然ながらヒーローであった。言い換えれば、それは死なない役である。『俺は待ってるぜ』（一九五七年公開）、『錆びたナイフ』（一九五八年公開）、『風速40米』（一九五八年公開）など、どんなに危険な目に遭っても決して死なないこと、すなわち不死身であることが、ヒーローの条件だった。

そんな裕次郎の相も変わらぬ役柄を見て不満を抱いていたのが、長年親交のあった脚本家・倉本聰である。

倉本聰は、「日活映画の裕ちゃんに対する扱いっていうのは、映画界がそうだったんですが、専属のスターが演じるヒーローは、役の上では絶対死なないんです。しかもだれにも負けない、常にトップにいるんです」と指摘する。後年のことだが、そんな代わり映えのしない役柄への不満をぶつけてくる倉本に対し、石原裕次郎も同じ不満があることを吐露したという（週刊朝日ＭＯＯＫ『映画にかけた夢 石原プロモーション58年の軌跡 石原裕次郎・渡哲也』朝日新聞出版、二〇二〇年、一三二頁）。

とはいえ、石原裕次郎も、〝死ぬ役〟に挑戦したことがあった。一九六三年公開の『太陽への脱出』という作品である。

ここで裕次郎が演じたのは、日本商社の海外駐在員。会社の命令で武器輸出に携わっている。いわゆる「死の商人」である。そしてそのことが国会で問題となり、現在彼はタイのバンコクで身分を偽って暮らしている。だがそうした折、自分が組織によって体よく利用されていたにすぎなかったという事実を新聞記者（二谷英明）から知らされる。日本に戻り、組織から命を狙われながらも武器の製造を止めさせようと工場にたった一人で乗り込んでいく裕次郎。だが彼は組織の連中によって銃で撃たれ、あえなく殺されてしまう。

ハッピーエンドとはほど遠い、悲劇的な結末である。それまで裕次郎が演じてきた役柄とも、確かにひと味違う。だがここでも結局、敢然と悪に立ち向かっていくという点において、彼がヒーローであることには変わりないだろう。悲劇的な死を遂げることによって、いっそうその英雄性は強調されているとさえ受け取れる。その意味では、石原裕次郎にとって「脱－ヒーロー」を実現することは、やはり困難なことだった。

映画産業の陰りと石原プロモーション

ところで、『太陽への脱出』がこうしたストーリー展開、そして役柄になったきっかけは、監督の桝田利雄に裕次郎が「一度、映画のなかで死んでみたい。一度死んで、生まれ変わりたいんだ」と言ったことだったという（『石原裕次郎・渡哲也 石原プロモーション50年史』石原プロモーション、二〇一四年、四一頁）。

「生まれ変わりたい」という言葉には、タイミング的に役柄上のことだけでなく彼自身の仕事上の大きな決断が反映されている。石原裕次郎は、この『太陽への脱出』公開と同じ一九六三年に、専属契約を結んでいた日活から独立し、製作プロダクションである石原プロモーションを設立していた。

一九六〇年代に入り、全盛を極めた映画産業にも陰りが見え始めていた。一九五八年をピークに急激に減り始めた映画館総入場者数は、一九六三年には五億一一〇〇万人と半減するに至った（日本映画産業統計）。

映画に代わって国民的娯楽の中心を占めるようになったのは、テレビである。一九五七年にはわずか七・八％にすぎなかった世帯普及率は、東京オリンピックの開催を控えるなかで、一九六三年には一気に八八・七％にまで達した（内閣府「消費動向調査」）。いまだに破られることのない『ＮＨＫ紅白歌合戦』の八一・四％という視聴率が記録されたのも、この年のことである。

石原プロモーションが設立されたのは、そんな娯楽メディアの交代期だった。ただし裕次郎は、テレビドラマ制作に意欲を燃やして独立したわけではなかった。根っからの映画人であった彼は、自分の手で理想とする映画を作りたかったのである。

当時、日本の映画界には「五社協定」と呼ばれる大手映画会社間の取り決めがあった。互いの会社専属のスターを引き抜くこと、貸し借りすることを禁止する業界内の取り決めである。俳優の立場から言えば、自分の意思で移籍することも、他の映画会社の製作する映画に出演することもできないという、一方的に不利な内容であった。

日活の大スターである石原裕次郎による独立プロの設立は、その状況に大きく一石を投じるものだった。黒部ダム建設を担った人びとの苦闘を描いた映画『黒部の太陽』は、その象徴的作品である。同作は、同じく東宝から独立した大スター・三船敏郎と裕次郎が共演し、三船プロモーションと石原プロモーションが共同で製作したものだった。そのことが明らかになると、「五社協定」を盾に日活が強く難色を示すなど、クランクインまでかなりの紆余曲折があった。しかし、一九六八年に公開された同作は驚異的な観客動員を記録し、大ヒットとなった。

ただ一方で、映画とテレビは完全に袂を分かっていたわけではなく、手を携えている面もあった。

とりわけ一九七〇年代になると、その流れは加速した。その頃になると、観客者数の減少に歯止めがきかなくなった各映画会社は、生き残りのための方向転換を余儀なくされた。日活が一九七一年秋に成人向けのロマンポルノ路線へと劇的に転換したのは、端的な例である。「五社協定」も意味を持たなくなり、自然に消滅した。

そうしたなかで、映画とテレビが協力して作るテレビ映画が、盛んになった。東宝と日本テレビが共同で制作にあたった『太陽にほえろ!』は、その好例である。

そこで世間の注目を集めたのが、「ボス」役での石原裕次郎の出演だった。当時の裕次郎は、「とにかく映画一筋」で、「テレビなんて眼中になかった」。だから何回も出演を断ったが、「ワンクール一三本だけでも」と懇願されて渋々引き受けた(同書、一三八―一三九頁)。だが裕次郎の意思とは別に『太陽にほえろ!』は人気長寿番組となり、映画スターがテレビドラマに出演する時代が本格的に到来した。石原プロモーションもまた方針を転換し、『大都会』シリーズ(日本テレビ系、一九七六年放送開始)、『西部警察』シリーズ(テレビ朝日系、一九七九年放送開始)など、ドラマ制作に積極的に乗り出すようになる。

テレビスター・水谷豊と一九七〇年代

さらに『太陽にほえろ!』は、石原裕次郎だけでなく、萩原健一や松田優作といった新しい時代のスターが誕生したという点でも、画期的なドラマだった。作品のなかで死ぬことができずにいた石原裕次郎とは対照的に、萩原健一と松田優作は、『太陽にほえろ!』のなかで死ぬことによってファンを惹きつけた。

萩原健一は、「それ以前の世代よりも、もう少しテレビに前向きにトライしてみるというのは、僕たちが最初だったのではないでしょうか」と後に振り返っている(萩原健一、絓秀実『日本映画[監督・俳優]論 黒澤明、神代辰巳、そして多くの名監督・名優たちの素顔』ワニブックス〈plus〉新書、一四三頁)。映画に比べてテレビを低く見る風潮がまだ根強く残っていた当時にあって、その感覚は新しかった。刑事ドラマの主役が死ぬという斬新な選択は、そこから生まれたものでもあっただろう。

その点は、萩原健一とともに『傷だらけの天使』に出演し、最後に死んでしまう乾亨役を演じた水谷豊も同様だったはずだ。しかも彼は、その後のキャリアにおいて、萩原健一や松田優作よりもテレビドラマに高い比重を置き、二人とは違う道のりを歩いていくことになった。

そんな水谷豊のテレビスターとしての地位を決定づけたのは、やはり一九七八年に始まった『熱中時代』への出演だろう。すでにふれたように、この作品で水谷豊は小学校の新米教師・北野広大を演じ、ドラマは記録的な高視聴率をあげた。

北野広大という役は、それまでの不良生徒やチンピラのようなアウトロー的役回りとは一八〇度異なる。小学校低学年の子どもたちと同じ目線に立ち、ともに泣き笑いするひたむきで純粋な姿はまさに「熱中先生」であり、健全そのものだ。いつの時代も求められる理想の教師像が、そこにあると言っても過言ではない。そして、劇中で死ぬわけでもない。

とはいえ、そこには一九七〇年代という時代性を感じさせる部分もある。

そもそも北野広大は、成績優秀、順風満帆な人生を送ってきたわけではない。北海道出身、教員志望の広大は、東京のあまり上等でない大学をあまり上等でない成績で卒業し、二四歳でアルバイト生活を送っている。いまであれば、さしずめフリーターと呼ばれるところだろう。そんな広大のもとに、ある日欠員分の補充として教員への採用通知が届く。

初回の冒頭部分では、その様子が次のように描かれている。

映画のエキストラのアルバイトでセットの池に落とされ、また別の日にはビルの外壁清掃のアルバイトで慣れぬ高所に怖がる広大。そんな先の見えないアルバイト続きのある日、広大が古びたアパートに戻ると、同じ部屋に住んでいる売れない漫画家の先輩（尾藤イサオ）から「なーんか、つまんねえ手紙が来てたぞ」と郵便物を渡される。見てみると、サラ金のダイレクトメールや水道料金の請求書のなかに混じって、教員採用通知のハガキがある。念願がかない興奮を抑えられない広大。先輩は祝福しながらも、「でも考えてみっとよ、お前に教わる子どもたちはたまんねえなぁ、オイ」と明るく言い放つ。

何気ない場面だが、未来の不確かな若者同士が共同生活をしているという設定が、いかにも一九七〇年代的だ。それは当時、他のドラマでもよく出てくる設定のひとつだった。たとえば、人気を博した青春ドラマ『俺たちの旅』(日本テレビ系、一九七五年放送開始)もそうである。

このドラマで主演の中村雅俊が演じるのは、就職活動の時期を迎えた大学生・津村浩介。浩介は、世間の常識に唯々諾々と従って普通のサラリーマンになることに疑問を抱いている。そしていったんは就職するものの、会社を辞め、友人や先輩たちとともに共同生活をしつつ、「なんとかする会社」という便利屋を始める。

ここには、第2章でもふれた当時の「しらけ世代」のひとつの典型が描かれている。「しらけ世代」の若者たちは、自分たちなりの熱い部分を秘めながら、「しらけている」と世間から評された。それは結局、彼や彼女たちが、社会が敷いた既存のレールに乗ることに対して疑問を抱いていたからである。ただ多くの若者は、しらけながらもそのレールに乗った。それに対し『俺たちの旅』の津村浩介は、自分らしくあることを貫き、アルバイト生活の延長のような便利屋として生きていくことを選ぶ。

「大人に問いかけるドラマ」としての『熱中時代』

北野広大も、一九七〇年代の若者らしく、たまたま欠員が出なければそのままアルバイト生活を続け、別の人生を歩んでいたかもしれない。だが彼の場合は、津村浩介とは異なり、学校というひとつの組織のなかで生きていくことになった。そこで出会うのは、同世代の仲間などではなく、大人たちだ。

『熱中時代』の魅力のひとつは、北野広大が送る下宿生活の場面にある。下宿先は、赴任先の小学校の校長である天城順三郎（船越英二）の家。この天城順三郎こそが、『熱中時代』における大人の代表である。

これも第2章で書いたが、水谷豊が出演した同じ一九七〇年代のドラマ『男たちの旅路』では、鶴田浩二演じる吉岡晋太郎が大人の代表だった。吉岡は大人として若者と真正面から対峙し、水谷豊演じる杉本陽平は、そんな吉岡に負けまいと彼なりに対抗することで成長していった。

一方天城順三郎は、吉岡とは対照的である。いつも物腰は柔らかく、若い教師らを諭すことはあるものの、決して命令口調になることはない。教師に対しても生徒に対しても分け隔てなく平等に接する。個人の人格を尊重する理想主義者、いわば戦後民主主義の権化《ごんげ》のような大人だ。

広大は、赴任早々その天城順三郎から、「ウチに来なさい」と半ば強引に誘われる。そしてわけのわからないままに行ってみると、そこには校長の家族だけでなく、小学校の同僚二人、さらに他の小学校の教師や中学校の教師がすでに下宿生活をしていた。こうして、広大の新たな共同生活が始まる。

先ほども書いたように、主人公が他人とひとつ屋根の下に暮らすというのは、一九七〇年代の青春ドラマや学園ドラマのひとつのパターンである。『俺たちの旅』もそうだし、中村雅俊が教師役の学園ドラマ『青春ド真ん中!』(日本テレビ系、一九七八年放送)などもそうだった。

しかし、これらはいずれも、仲間同士だけのユートピア的な、どこか気ままな共同生活であった。教師になる前の北野広大と先輩の場合もそうである。ところが、校長宅での共同生活は、そこから一歩踏み出したものだ。そこには天城校長のように年齢の離れた人間もいれば、同じ教師でもドライな考えかたを持った先輩もいる。なにかと反抗的な校長の息子もいる。ただ、そうした世代も考えかたも違う他人同士ではありながらも、そこにある種の絆が徐々に結ばれていく。

この作品では、同居人が勢ぞろいし、大きなテーブルを囲む食事場面が毎回のように登場する。その意味では、『熱中時代』は、ホームドラマの側面を持つ。ただ、そこでテーブルを囲むのは、校長家族を除いては、元々縁もゆかりもない他人同士による疑似家族だ。そのことは、続編となったパート2で、北海道から広大を頼ってきた身寄りのない小学生・川瀬みね子（二階堂千寿）が校長宅で同居するという展開によって、いっそう強調されることになる。

つまり、『熱中時代』の根底には、世代、立場、考えの異なる他人同士がいかにして共生していくかというテーマがある。『熱中時代』は、必ずしも子どもの純粋さをただ賛美するためのドラマではない。最終的に重要なのは、多様な人びとの集う場としての社会であり、そこに責任を負う大人なのである。

『熱中時代』シリーズの演出を担当した田中知己も、「『熱中時代』は子ども中心のドラマではない」と断言する。「子どもが何か問題を提起するのですが、大人は取り上げない。しかし、北野先生はそれを問題として提起し、廻りの大人たちへ波及していく」。「北野先生は自分のことは自分で考えろとか、勝手にやらせているように見えても、それは判断力をつけさせるためのもので、学校では良いことだけを教えるのではなく、悪いことも教える。そうした中で社会の仕組みを覚えさせてやることが北野先生のやり方なのです」（『テレビジョンドラマ』一九八八年一一月号、一一三—一一四頁）。

この言葉からも、『熱中時代』が、私たちの想像以上に「大人に問いかけるドラマ」だったことがわかる。主人公の北野広大は、子どもの問題提起を真剣に引き受け、大人の側を変えていこうとする。そして子どももまた社会の一員であることを常に念頭に置いている。

確かに、北野広大の役柄には、社会から目を背けるように大人に反発していた『泣くな青春』の守屋親造や『傷だらけの天使』の乾亨から一段成長したものがある。だが、世間が考える「大人」の鋳型に合わせていくのではないという点では変わっていない。単純には大人の側に与しない役柄を演じ続ける俳優・水谷豊の本質はそのままだ。

高度経済成長期と石原裕次郎、そして『憎いあンちくしょう』

こうした〝反‐大人〟という一面は、いつの世もスターという存在が有するひとつの特性だろう。ただし、そのありかたは時代背景によっても違ってくる。繰り返すまでもなく、スターは社会が生み出すものでもある。

石原裕次郎は、まさに戦後の高度経済成長が生んだスターだった。そこには、いわゆる「スター・システム」のもと、隆盛を誇った映画業界が裕次郎ありきの企画で作品を量産することによって作られたスターという側面もあるだろう。しかしそれ以上に、石原裕次郎の突出した人気は、時代そのものが求めたからでもあった。

奇跡とも呼ばれた一九五〇年代中盤からの高度経済成長は、豊かになったことを実感し始めた国民のあいだに、後に「一億総中流」と呼ばれるようになる意識を醸成した。生活水準が平均的に上昇し、ある程度の経済的余裕が感じられるようになると、「レジャー」（これもこの時期誕生した言葉だ）などの余暇活動に人びとの目が向くようになる。そしてその中心になったのが、若者世代であった。

そうした若者にとって、新しい有閑階級から彗星のように飛び出してきた石原裕次郎の存在は、とりわけ眩しいものだった。旧弊な大人の理屈を痛快に笑い飛ばし、当時の日本人としては珍しかった長身の恵まれた身体から若いエネルギーを発散させる裕次郎は、現実社会の憂さを晴らしてくれる特別なヒーローだった。

裕次郎の初主演作『狂った果実』には、そうした彼の存在感を物語るような、こんなエピソードがある。

撮影初日となった神奈川県葉山のヨットハーバーのシーン。定刻になっても裕次郎はやってこない。しびれを切らした監督の中平康は怒りだし、助監督に呼びにやらせた。ところが、裕次郎はいるはずの場所にもいない。スタッフがみな途方に暮れていると、崖のところから一台のモーターボートが姿を現した。運転していたのは、ほかならぬ裕次郎だった。そして彼は、気まずさを感じる様子もなく何食わぬ顔で撮影に入っていった。そのとき、現場の若いスタッフたちは、「面白いやつが来た」と思ったという（関川夏央『昭和が明るかった頃』文春文庫、二〇〇四年、九一―九二頁）。

だが石原裕次郎は、その抜きんでたスター性のゆえに、時代の影の部分までも体現してしまうことがあった。一九六二年公開の映画『憎いあンちくしょう』は、その意味で興味深い作品だ。そこで裕次郎が演じたのは、〝苦悩するスター〟である。

裕次郎が演じるのは、超が付く売れっ子タレントの北大作。たくさんの仕事を抱え、分刻みのスケジュールをこなすマスコミの寵児である。実は浅丘ルリ子が演じるマネージャーの榊田典子とは、恋人同士でもある。だが大作が突然スターになったいま、二人の関係は複雑なものになり、ぎくしゃくしている。

物語は、彼が司会を務める人気テレビ番組『今日の三行広告から』でのある出来事から動き出す。この番組は、新聞の三行広告欄に載った面白い広告をピックアップし、スタジオにその広告主を招いてインタビューするというもの。ある日この番組に、ひとりの若い女性（芦川いづみ）が出演する。彼女は、山間の無医村地区で働くことになった恋人の医師（小池朝雄）に、仕事に使う中古のジープを無報酬で届けてほしいという広告を出したのである。遠く離れた九州の地で働く男性への「純粋愛」を訴える彼女に、典子と自分を引き比べた大作は思わず突っかかる。そして衝動的に、自らがジープを届けて確かめると生放送中に宣言してしまう。こうして大作の一五〇〇キロに及ぶジープでの旅が始まる。

仕事のスケジュールを無視する大作に周囲は混乱するが、『今日の三行広告から』の担当ディレクター（長門裕之）は、とっさにジープ旅を撮影して番組にすることを思いつき、大作の様子を隠し撮りする。その番組は果たして大反響を巻き起こし、新聞も書き立てる。行く先々にマスコミや群衆が押し寄せ、街はパニックになる。応援する人びともいれば、売名行為だと非難する人びともいる。そして大作は、疲労困憊するなか、追ってきた典子と衝突しながらも、ひたすら目的地を目指す。

そこには、高度経済成長期における急速なテレビの普及、そしてそうしたテレビ時代ゆえの〝身近なスター〟という新しいスターのかたちが、象徴的に描かれている。そうした存在は、映画スターと違い、大衆の好奇の目に直接さらされるリスクを負う。だがそのなかで、新しいスターは、生身の存在、苦悩する存在であることが魅力にもなる。この『憎いあンちくちょう』は、そのことを先駆的に示した作品と言えるだろう。

苦悩するスター、水谷豊と〝曇りの時代〟

そして一九七〇年代は、そんな〝苦悩するスター〟の魅力が、さらにはっきりと世に認知された時代だった。第5章でも書いたように、萩原健一は、無様であることをさらけ出すような役柄を演じることを望み、それによって新しいスターとなった。その極致が、『太陽にほえろ！』のマカロニのように無様に死ぬことであった。それは、先述した石原裕次郎の『太陽への脱出』のヒロイックな死とは対極にあるものだった。

繰り返しになるが、水谷豊も、『傷だらけの天使』で無様に死ぬ役柄を演じ、それをきっかけにスターになったひとりだった。ただし彼の場合、テレビドラマを長年主な活動の場とし、そこで俳優としての年輪を重ねるなかで、苦悩というものに対する立ち位置も次第に変化してきた。

一九七〇年代の水谷豊が演じた苦悩は、若者がひとり孤独に抱えているものだった。第2章でも述べた通り、その頃の彼は、不良生徒役やチンピラ役を通じ、そうした役柄を演じ続けた。だが同じ七〇年代末には、『熱中時代』の小学校教師役に出会い、子どもたちの苦悩に寄り添いながら、大人の論理に立ち向かう役柄へと変化した。ただいずれにしても、そこで表現される苦悩は、世間からはみ出した不良やチンピラであるにせよ、小学校の子どもたちであるにせよ、社会のなかのある一部の存在にとってのものであるという点において共通していた。

見方を変えれば、昭和、特に戦後とはそういう時代だったと言うことができる。高度経済成長により平均的な豊かさが達成されるなかで、その主体と目された大人以外に苦悩は現れた。

ところが一九九〇年代、つまり平成に入るとともに、苦悩は社会全体が共有するものになっていく。

平成においても、昭和の高度経済成長を基盤にした物質的豊かさは、ある程度維持される。しかし他方で、冷戦体制の終焉やバブル崩壊、地下鉄サリン事件や二度に及ぶ大震災、さらに格差の拡大など国内外のさまざまな出来事によって、従来の社会基盤そのものに亀裂や綻びが目立つようになった。それは、昭和という時代を支えていた大人の論理が急速に信頼を失うということでもあった。

いわば、〝曇りの時代〟である。明るくも暗くもない。快晴でもなければ、雨が降り続けているわけでもない。ある意味、平和である。だが、その平穏な日々の暮らしがいつ根底から覆されるかもしれない。そんな言い知れぬ不安のなかで、平成以降の私たちは生きるようになった。そしてそんな時代に誕生し、テレビ史に残る長寿シリーズとなったのが、二〇〇〇年に始まった『相棒』だった。

主人公である杉下右京という人物は、水谷豊がそれまで演じてきた多くの役柄とは異なり、わかりやすい形で自らの苦悩を表に出したり、他人の苦悩に同情を寄せたりすることはない。いつも無表情で、その裏側でなにを思い、感じているのかを察することは難しい。とはいえ、それが垣間見えるときもある。それは、理不尽な状況に置かれた他者の極限的な苦悩にふれ、それに深く思いを寄せたときだ。第4章でふれた「ボーダーライン」のエピソードのときが、まさにそうだった。

国に見捨てられた人間――『相棒　劇場版Ⅳ』から

そのように他者の苦悩と向き合う右京の姿が、戦後史というより大きなスケールのなかで描かれたのが、二〇一七年に公開された映画『相棒　劇場版Ⅳ――首都クライシス　人質は50万人！　特命係　最後の決断』である。国に見捨てられた人間。それが、杉下右京と並ぶ、この作品のもう一方の主人公だ。

国際犯罪者組織によるテロ計画があることを知った右京と冠城亘は、なんとかそれを未然に阻止しようとする。そして捜査を進めるうち、その計画が狙うのは、世界スポーツ競技大会の日本選手団による凱旋パレードに集まった五〇万人の群衆であることが判明する。

ところが、そこには意外な真相があった。計画の首謀者は、右京たちの捜査に協力し、行動をともにしていたマーク・リュウという香港から来た男（鹿賀丈史）だったのである。実はリュウは日本人で、戦時中に国に見捨てられた人間だった。天谷克則という本名を持つ彼は、まだ子どもの頃、国の政策によって親とともに南洋の島に渡った。だが突然の日本軍の撤退によって取り残された彼の一家は、戦火にさらされた挙句、親を殺され、自らも死亡したことにされた。その〝復讐〟が、テロ計画だったのである。パレードのある銀座は、国からの期待を一身に受け、彼ら一家が南方に送り出された思い出の場所だった。

しかし、それは実は、単なるテロ計画ではなかった。リュウは、テロを意図的に未遂に終わらせようとしていた。目的はテロそのものではなく、自らの過酷な戦争体験を踏まえ、平和に慣れ切った日本人に、いつその平和が破壊されてもおかしくない状況にあることを知らしめることだった。そしてその目的を完遂するため、自らはテロを首謀した外国人として警察によって狙撃され、死ぬことを望んでいた。

その意図を察知した右京は、リュウを狙った警察の銃弾の前に自ら身を投げ出して盾になり、重傷を負う。そして逮捕されてもなお、テロに失敗した外国人として死なせてほしいと懇願するリュウに、右京は「いいえ、やはりあなたは天谷克則です」と言い、何度国から裏切られても祖国を思う気持ちは変わらなかったからこそ、このようなテロ未遂計画を立てたのだろうと語りかける。戦火で失われた命のかけがえのなさを、天谷は身をもって知っているはずだ。「そのあなたが、こんな風に自分の命を粗末にしてはいけない」と静かに、だが思いを溢れさせるかのように右京は訴える。

この作品は、すでに終戦から七〇年以上が過ぎ、記憶の風化も懸念される戦後史の目を通して、現在の日本社会が享受する平和の意味を問いかけてくる。

その答えは、単純なものではない。リュウは自らの命を懸けて、日本人の目を覚まそうとテロ未遂計画を実行しようとした。だが右京は、自らの命を賭してまでそれを防いだ。それは一見、リュウの平和への切なる願いを邪魔するものだ。だが右京にとって計画を成就させることは、天谷克則という深い苦悩の人生を送ってきた個人を、結局二度までも国に見捨てられた人間として死なせることにほかならない。そうした個人も自分の居場所を見つけ、生きられる社会でなければ、そもそも戦後の日本社会が平和であるとは言えないだろう。その意味では、社会に救われず絶望して自死を選んだ「ボーダーライン」の男性と天谷克則は、同じところにいる。

杉下右京の〝孤独〟

もちろん、右京が天谷を助けたことによって、すべてが解決するわけではない。むしろ、釈然としないものが残るだけと言ってもいい。国に見捨てられながらも生まれ育った国への思いを募らせ続け、最終的にテロリストを演じることでしかその思いを表現できなかった天谷の人生は、残酷なものとしか言いようがない。

むろん、右京もそのことは重々承知だ。天谷と右京の先述の対面のあとのシーン。まだ銃弾の傷が癒えず、車椅子に乗った右京は、冠城に「右京さん、そろそろ」と帰路に就くことを促されるが、「もう、少しだけ」と言って路上で空を見上げ、じっと物思いにふける。少年時代の天谷が、南洋の島で襲ってくる戦闘機の編隊を見上げたときのように。その右京の姿をとらえたロングショットで、映画は終わる。

そこには、戦後日本社会とスターの関係が大きく変わったことが、図らずも示されているように思う。

『憎いあンちくしょう』の石原裕次郎が演じる北大作は、マスコミや世間の好奇の目にさらされはするが、結局は高度経済成長のもたらした果実を謳歌する側にいる。ラストシーンで、九州にたどり着いた大作は、詰めかけたテレビカメラや群衆から離れ、晴れ渡る青空のもと山腹に寝転がって典子と情熱的なキスシーンを繰り広げる。二人の「純粋愛」は、確かめられたのである。それは、マスコミや大衆に対する個人の高らかな勝利宣言だ。石原裕次郎というスターは、高度経済成長のもたらした豊かさが、それまでにはなかった「個人の確立」をもたらしてくれるものであることを証明する存在だった(同書、一八五頁)。

それに対し、水谷豊など一九七〇年代が生んだスターたちは、人間は決して強くはなく、むしろ苦悩から逃れられない弱いものであることを体現した。いまふれた『相棒 劇場版Ⅳ』のラストシーンもまた、結局自分が無力であることに耐えるしかない杉下右京の弱い姿を凝視するものだ。そしてその姿は、苦悩する個人を何十年ものあいだ演じ続けてきた水谷豊だからこそ、表現し得るものであるはずだ。

杉下右京には、「純粋愛」を目指した『憎いあンちくしょう』の北大作とは違い、ゴールのかたちがはっきり見えているわけではない。むろん、「正義の実現」というゴールはある。だが〝曇りの時代〟にあって、視界はいつも遮られてしまっている。ただ、たとえ周囲に理解されなくとも、またその道のりが長く険しいものであろうとも、ゴールに向かって「終わりなき旅」を続けるしかない、と右京は覚悟を決めているかのようだ。そこには、一九七〇年代とはまた別の、いまの時代ならではの〝孤独〟が浮かび上がる。

おわりに

水谷豊と映画

ここまで、子役時代から『相棒』に至る水谷豊の軌跡をたどりつつ、その演技の魅力、テレビドラマ史のなかのポジション、スターとしての特徴、さらには戦後日本社会との関係など、いくつかの切り口から述べてきた。

もちろん、これで水谷豊という俳優が語り尽くされたわけではない。ほかにもまだまだ切り口はあるだろう。

たとえば、映画とのかかわりなどは、そのひとつかもしれない。『青春の殺人者』や『相棒劇場版Ⅳ』には、本書でも詳しくふれた。だが水谷豊の映画出演作は、もちろんそれだけではない。名前も付いてないような小さな役での出演まで含めれば、これまで全部で三〇本近くの出演作がある。

また近年は、主演した『少年H』（二〇一三年公開）や『王妃の館』（二〇一五年公開）のように、俳優として出演するだけにとどまらない。四〇年間自身でアイデアを温め続けてきたという『TAP THE LAST SHOW』（二〇一七年公開）では主演に加えて監督デビューを果たし、さらに『轢き逃げ――最高の最悪な日』（二〇一九年公開）では出演と監督、そして初の脚本を手掛けるなど、映画にも精力的に取り組んでいる印象がある。

ただ、テレビドラマにはほぼコンスタントに出演してきた一方で、映画出演には大きな空白があったのも、やはり目に付く事実だ。二〇一二年公開の『HOME 愛しの座敷わらし』での主演は、水谷豊にとって『逃がれの街』（一九八三年公開）以来、実に二九年ぶりの単独での映画主演だった。

映画『幸福』から見えてくるもの

では、俳優・水谷豊においてテレビドラマと映画はどのような関係にあるのだろうか？

ここで、水谷豊の出演映画のなかから『幸福』という作品を取り上げてみたい。一九八一年に公開された作品で、監督は市川崑。有名なエド・マクベイン「87分署シリーズ」のなかの『クレアが死んでいる』を翻案したものである。市川崑が、「銀残し」（銀をあえて残すことによって画面のコントラストをよりくっきりさせる現像手法。「シルバー・カラー」とも呼ばれる）を試みたことでも知られる作品である。

主演の水谷豊が演じるのは刑事の村上。彼と同僚の刑事たちが、町の書店で起こった銃乱射による殺人事件の捜査に当たる様子が描かれる。

このように書くと本格的な刑事物と思うかもしれないが、実はそうではない。むしろ、事件の捜査を進めるなかでさまざまな家族の姿に接した村上が、自分の境遇と引き比べつつ幸福とはなにかについて考え、心境の変化に至るプロセスが物語の核になっている。タイトルが刑事物としてはなんとなく違和感がある「幸福」となっているのは、そのためだ。

村上には、まだ幼い二人の子どもがいる。妻は、仕事のことしか頭になく家庭を顧みない村上に愛想を尽かし、実家に帰ってしまった。不慣れな家事や子どもの世話に悪戦苦闘しつつ頑張る村上だが、子どもたちの心情を推しはかるまでは気が回らず、親子関係もぎくしゃくしてしまう。だが件の事件の捜査をするなかで、やはり男手ひとつで娘を育てながら、その娘を殺されてしまった父親のやり場のない気持ちや、貧困にあえぐ母子家庭に起こったなんともやりきれない悲劇などに間近に接するなかで、子どもの思いにきちんと向かい合うことの大切さに気付き、妻ともう一度やり直すことを決意する。

この映画では、水谷豊の抑えた演技が印象的だ。村上は猪突猛進というよりは、逆に後輩の独断専行を制し、周りの状況をよく見て行動を起こす冷静なタイプ。口調も「〜かね」や「〜だね」といったちょっと大人びたもの。『傷だらけの天使』や『熱中時代』のイメージのままこの映画を見ると、面食らうかもしれない。感情をあらわにする場面もなくはないが、一言でいえば、この作品の水谷豊は落ち着いている。その意味では、テレビドラマとは違う俳優・水谷豊の姿が見られる貴重な作品だ。

しかし一方で、そこには、この時期水谷豊がテレビドラマで演じていた役柄との興味深い共通点も発見できる。

ひとつは、刑事役である。とはいえ、いま述べたように、『幸福』の村上は、『熱中時代 刑事編』の早野武のような軽いキャラクターとはまったく異なる。だが『熱中時代 刑事編』の放送が一九七九年であったことを思い出すなら、一九八〇年前後を機に、水谷豊がたびたび刑事役を主役として務めるようになっていったのが確認できる。

もうひとつは、父親役である。先述したように、映画の内容的にも比重が大きいのは、こちらである。

この『幸福』での親子関係には、『熱中時代 教師編 Part2』における北野広大とみね子の関係を思わせるものがある。みね子の場合には血のつながりはなく、正確には親子でもなかった。だが、それでもそこに描かれる二人の関係性は、母親が不在で父親が子どもの面倒を見る『幸福』の親子関係に似ている。言い換えれば、血縁の有無は別にして、ともに「父親になる」ことの意味を問うているという点で共通する。『熱中時代 教師編 Part2』の放送は一九八〇年の夏から一九八一年の春にかけて。一九八一年秋に公開された『幸福』とは、水谷豊が〝父親〟

を演じるという点でも地続きにあるのを感じる。

演者というステータス

こうしたことからひとつ考えられるのは、俳優、つまりなんらかの役柄を演じる演者というステータスにおいては、テレビドラマか映画かという分野の違いはそれほど本質的なものではないのではないか、ということである。少なくとも水谷豊においては、そのように見える。

確かに、娯楽メディアとしての映画とテレビドラマには、相異なる部分も多々あるだろう。たとえば、映画のほうが一般に予算が潤沢であり、したがってスケールも大きいことなどは、よく指摘されるところだ。そうしたこともあり、たとえばロケやセットなどに映画ほどお金をかけられないドラマでは顔のアップが多用されるなど、演出手法の違いも生じたとされる。またそうしたこととともに、テレビが「電気紙芝居」と揶揄された話を思い起こすまでもなく、根強く残る映画のほうが格上という意識も残り続けた。

とはいえ、近年、ドラマと映画のあいだの線引きは、次第に意識されなくなってきていると言える。ある意味、テレビと映画はボーダーレスになりつつある。

その端的な表れは、テレビドラマの映画化というケースの増加である。二〇〇〇年代以降、木村拓哉主演『HERO』（フジテレビ系、二〇〇一年放送。劇場版第一作の公開は二〇〇七年）など、ドラマの人気作を映画化する流れが顕著になった。同じパターンは、古くは「寅さん」の『男はつらいよ』のように以前からあるにはあったが、二〇〇〇年代以降、安定した興行成績が見込めるということもあり、テレビドラマの映画化は定番的手法になっていく。

『相棒』がこの流れの確立に大きく貢献した作品のひとつであることは、いうまでもない。二〇〇八年に公開された劇場版の第一作『相棒 劇場版――絶体絶命！ 42.195km 東京ビッグシティマラソン』は興行収入四四億円超を記録し、同年度邦画ランキングの第六位に入るヒットとなった。その成功を受けて劇場版のほうもシリーズ化され、現在までに計四作が公開されている。

また『相棒』の場合、映画とテレビの物語は別個のものではなく、連動している。むろんアクションシーンや群衆シーンなど、物量的スケール感は映画特有のものだ。だが小野田官房長が亡くなるという『相棒』の根幹にかかわる大事件が起こった劇場版第二作とそれ以降のテレビドラマ版の関係が典型的なように、映画での重要な出来事はテレビのストーリー展開にそのまま組み込まれていく。劇場版をテレビのレギュラー放送の豪華なスペシャル版ととらえているファンも、少なくないはずだ。

そうした状況の変化は、水谷豊が俳優としてテレビと映画のあいだを再び自在に往来できるようになるきっかけを与えたように思える。そのように演者としてより身軽になり、選択肢も広がるなかで、冒頭にもふれたように水谷豊は映画に対してもより積極的に取り組むようになったのではあるまいか。

フィクションとリアルを等価に生きる

しかしそのうえで、やはりこうも問いたくなる。水谷豊はなぜ、その俳優人生の多くをテレビドラマの世界に捧げることになったのか？

映画に代わってテレビが娯楽の中心になり始めた一九七〇年代にブレークしたという時代背景も、おそらくあるだろう。だが前にも書いたように、同じ時期にスターになった萩原健一や松田健作は、水谷豊ほどテレビドラマ中心の俳優人生を送ったわけではない。それゆえ、時代のみに理由を求めるわけにはいかないはずだ。

水谷豊には、こう言ってよければ、ある種特別な才能があった。それは、「フィクションとリアルを等価に生きる」という才能である。ともすれば俳優は、ほかのすべてを犠牲にしても演じることに専念することが評価されがちだ。だが良し悪しは別にして、水谷豊の場合には、俳優業、そして演じることへの彼なりの距離感があった。その結果として、水谷豊においては、フィクションとリアルの比重が同じになっているように見える。

まず、彼自身の俳優業と実人生の関係がそうだ。

子役として主役まで務めた水谷豊だったが、いったん俳優を辞めた。そしてその後、生活のために復帰。すると二〇代前半、『傷だらけの天使』でブレークし、さらに二〇代後半に『熱中時代』シリーズで国民的スターになった。そこまで行けば、普通は俳優を天職と考えておかしくはない。だがそれだけの実績を収めていながら、四〇代を迎えた一九九〇年代になっても、「本当にやりたいことは、いまだに見つけられていないような気がします」(『バンパイヤ①』秋田文庫、三一〇頁)と彼が言っていることには、いまさらながら驚かされる。

ただしそれは、俳優業に熱意がないということでは決してないだろう。どのようなところであれ、水谷豊は、自分の居るべき場所をずっと探し求めているのだ。彼にとって、俳優として作品の世界に生きることと実人生を生きることは、どちらが上でどちらが下ということはない。いずれの局面においても、「いかに自分らしく生きるか」が最も重要なのではないか。第1章でもふれた浪人生時代の家出は、そんな水谷豊の根本的価値観を象徴するエピソードであるように思われる。

また、フィクションとリアルが等価だという特徴は、水谷豊の演技にも当てはまる。そこには、役という虚構を演じてはいるのだが、どこか常に水谷豊本人のものとしか思えない生身の感触がある。それはたとえば、北野広大が子どもたちのために大人に対して抗弁するときに浮かぶこめかみの血管に、そして杉下右京が犯人に対して静かに怒るときに起こる頬の震えといった細部に宿るものだ。そこには、どのような役を演じたとしても、「私たちとともに生きている」「同じ時代の空気を呼吸している」と思わせるような、ある意味演技を超えた生々しさがある。

それはおそらく、テレビの演者が視聴者を惹きつけるうえで、最も大事な才能のひとつだ。なるほど、映画全盛期のスターも、その時代の息吹を大衆に感じさせはしただろう。しかし、石原裕次郎もそうだったように、そうしたスターは、スクリーンの向こう側にいる手の届かない遠い存在であった。

一方、テレビの画面に映る水谷豊は隣にいて、手を伸ばせば触れられそうに思わせてくれる。その意味において、水谷豊は、「日本テレビドラマ史の相棒」であると同時に、私たち視聴者にとってのかけがえのない「相棒」でもあり続けてきた。その物語は、テレビに魅せられた水谷豊少年が「この箱の中に入りたい」という思いを抱き、子役という道を選んだときからすでに始まっていたと言えるだろう。それからもう半世紀以上。そこには、ひとりの俳優であると同時にひとりの人間であろうとした魂、それゆえに私たちと深く共鳴し得た魂の、苦悩に満ちた、だがひと際鮮やかな軌跡がある。

あとがき

「はじめに」で、一四歳の私と水谷豊の出会い、そしてその後本書を書こうと思うに至った動機についてかなり詳しく書いてしまったので、その点についてはここであまり述べることがない。

そうしたごく私的な体験を、ひとつの論考であるような本の冒頭で書き記すのがどの程度一般的なことなのかはわからない。ただ少なくともこれまでの私の経験ではあまりなかったことで、それだけ私のなかで水谷豊という存在に対する強い思い入れがあったことを汲み取っていただければと思う。

一方で、本書の執筆を進めるなかで発見したのが、テレビドラマについて〝書く〟ことの楽しさだった。

その一端は、たとえば本書のなかでの劇中のセリフの引用部分に表れている。変な言いかたになるが、セリフを書き写しているとき、それだけでドラマを見ているときの興奮や感動がまざまざと私のなかでよみがえった。本書では所々で特定の場面のセリフややり取りがかなり長く、詳細に再現されている。それは論じるうえの根拠として必要であると考えたのはもちろん、私がセリフを書き写す快楽に抗しきれず思い切り身を委ねてしまった結果でもある。その高揚感がお読みいただいたかたに少しでも伝わるようであれば、この本を著した目的は達せられたとさえ思わないでもない。

もちろん、そんな快楽が発見できたのも、水谷豊という存在のおかげだ。セリフを書き写すとき、それは当然、頭のなかで水谷豊のあの独特の、心地良い響きを伴った声で再生される。そうでなければ、おそらく興奮や感覚の質はまったく違ったものになっていただろう。サブタイトルにもある通り、それは、テレビドラマの歴史とともに歩み、その〝相棒〟と呼ぶにふさわしいキャリアを積んできた稀代の俳優・水谷豊の声を通してこそ、気づくことのできた魅力であった。

本文やここまでの話からもなんとなく想像がつくだろうが、そもそも本書の企画は、私から発案したものだった。いまや若い世代にとっては「『相棒』の右京さん」というイメージが強くなってしまっていそうなことも、致し方がないこととはいえ私にとっては物足りなく思われていた。やはり『傷だらけの天使』や『熱中時代』、さらに本書でふれたほかの作品も、そうした人たちに見てもらいたい。実際、いまはＤＶＤやネット配信など見る手段も整ってきている。そのきっかけになれたら……。「なにか書きたいテーマは？」と聞かれて思わず「水谷豊で」と答えてしまったのは、そんな気持ちが無意識のうちにあったからに違いない。

しかしながら、いざ俳優・水谷豊の半世紀以上にも及ぶ足跡をたどり直そうとすると、主だった出演作を見直すだけでも相当多くの労力と時間が必要とされた。むろんそれはそれでとても楽しい作業ではあったが、まず映像を再見することに行き着くまでに苦労する作品もあった。そうしたこともあり、最初の予定では本書は昨年中に刊行したいと思っていたが、目論見通りには行かず、結局このタイミングになった。とはいえ、偶然『相棒』が大きな節目を迎える二〇シーズン目の放送と重なるタイミングで本書が世に出ることになったのは、望外の喜びと言うしかない。

そのように「このままでは完成できないかも」と思うこともあった本書が刊行の日を無事迎えられるまでには、大変多くのかたの助けをお借りした。とりわけ古崎康成さんには、貴重な資料をご提供、ご教示いただいた。氏のご助力なしには本書が日の目を見ることはなかったと確信する。この場を借りて、心から感謝申し上げたい。

また青土社の加藤峻さんには、『平成テレビジョン・スタディーズ』に続いて編集を担当していただいた。そのときと同様、終始絶妙な伴走のおかげで本書を完成させることができた。「テレビドラマ史の相棒」という秀逸なサブタイトルを提案してくださったのも加藤さんである。執筆にあたり、このサブタイトルにはインスパイアされる部分が少なくなかった。

とにかくいまは、なんとか刊行までこぎつけることができ、ホッとしているというのが偽らざる気持ちだ。本書が俳優・水谷豊、そしてテレビドラマの魅力の再発見に少しでもつながるものになることを願ってやまない。

二〇二一年九月

太田省一

参考文献

書籍

市川森一『傷だらけの天使』大和書房、一九八三年
大野茂『2時間ドラマ40年の軌跡』東京ニュース通信社、二〇一八年
岡田晋吉『太陽にほえろ！伝説――疾走15年私が愛した七曲署』日本テレビ放送網、一九九六年
――『青春ドラマ夢伝説――あるプロデューサーのテレビ青春日誌』日本テレビ放送網、二〇〇三年
長田暁二『歌謡曲おもしろこぼれ話』現代教養文庫、二〇〇二年
君塚良一『テレビ大捜査線』講談社、二〇〇一年
古池田しちみ『月9ドラマ青春グラフィティ 1988-1999』同文書院、一九九九年
輿水泰弘ほか『『相棒』シナリオ傑作選 pre season-season7』竹書房、二〇一一年
――『『相棒』シナリオ傑作選2』竹書房、二〇一一年
近藤晋『プロデューサーの旅路――テレビドラマの昨日・今日・明日』朝日新聞社、一九八五年
合田道人『紅白歌合戦ウラ話』全音楽譜出版社、二〇一九年
関川夏央『昭和が明るかった頃』文春文庫、二〇〇四年
竹内洋『教養主義の没落――変わりゆくエリート学生文化』中公文庫、二〇〇三年
坪内祐三『昭和の子供だ君たちも』新潮社、二〇一四年
手塚治虫『バンパイヤ①』（解説：水谷豊）秋田文庫、一九九五年
寺山修司『家出のすすめ』角川文庫、一九七二年
萩原健一『ショーケン』講談社、二〇〇八年

萩原健一・綷秀実『日本映画［監督・俳優］論 黒澤明、神代辰巳、そして多くの名監督・名優たちの素顔』ワニブックス〈plus〉新書、二〇一〇年
松田美智子『越境者 松田優作』新潮文庫、二〇一〇年
松田優作・山口猛『松田優作、語る』ちくま文庫

雑誌・ムック、社史ほか

『石原裕次郎・渡哲也 石原プロモーション50年史：1963-2013』石原プロモーション、二〇一四年
『バンパイヤ』DVD－BOXシークレットファイル、日本コロムビア、二〇〇二年
週刊朝日編集部『映画にかけた夢 石原プロモーション58年の軌跡 石原裕次郎・渡哲也』朝日新聞出版社、二〇二〇年
『ダ・ヴィンチ』二〇一四年六月号
『テレビジョンドラマ』一九八八年一一月号
TVnavi 特別編集『オフィシャルガイドブック 相棒』扶桑社、二〇〇六年
――『オフィシャルガイドブック 相棒II オフィシャルガイドブック』扶桑社

ウェブ記事

『WEDGE Infinity』二〇一五年六月一六日付記事（吉永みち子「水谷豊――俳優という生き方に対する絶妙な距離感がもたらす自由さ」）https://wedge.ismedia.jp/articles/-/4966（二〇二一年一〇月一日閲覧）
『週刊朝日』二〇一二年四月二七日付記事（「父の勤め先が倒産した水谷豊　俳優は「バイト感覚」で始めた」）https://dot.asahi.com/wa/2012092601085.html（二〇二一年一〇月一日閲覧）
『女性自身』二〇一三年八月二六日付記事（水谷豊『少年H』好演の原点に〝43年前に出会った恩人〟）https://jisin.jp/entertainment/entertainment-news/1609597/（二〇二一年一〇月一日閲覧）
「萩原健一、『傷だらけの天使』を語る。」（二〇一七年一月三一日付記事）https://www.rwellv.co.jp/news/

whatsnew/2017/12875/（二〇二一年一〇月一日閲覧）
『観ずに死ねるか！　1970's ⇒ 2010's 傑作シネマ邦画編』出版記念特集上映会「青春の殺人者」トークレポート」（二〇一四年六月四日付記事）http://seishun.mizushine.com/archives/1251（二〇二一年一〇月一日閲覧）

主要出演作品

テレビドラマ

初回放送年	タイトル	出演回・出演シリーズ	制作（制作協力）	脚本	演出・監督
1966	マグマ大使	第九話「謎の空飛ぶ円盤」（一九六六年）	フジテレビ／ピープロ	高久進、梅樹しげる	土屋啓之助
1968	バンパイヤ		フジテレビ／虫プロ商事	山浦弘靖ほか	山田健ほか
1969	炎の青春		日本テレビ／東宝	白山進、小山内美江子、押川国秋	長野卓、木俣和夫
1972	飛び出せ！青春	第四話「やるぞ見ていろカンニング」（一九七二年）	日本テレビ／東宝	鎌田敏夫	土屋統吾郎
	太陽にほえろ！	第一話「マカロニ刑事登場！」（一九七二年）	日本テレビ／東宝	小川英、長野洋	竹林進
		第三〇話「また若者が死んだ」（一九七二年）		長野洋、永岡忍	山本迪夫
		第五四話「汚れなき刑事魂」（一九七三年）		長野洋、小川英	高瀬昌弘
		第一〇九話「俺の血をとれ！」（一九七四年）		小川英、朝倉千筆	江崎実生
	いとこ同士		日本テレビ／ユニオン映画	佐々木守	松尾昭典
	泣くな青春		フジテレビ／東宝	須崎勝弥ほか	児玉進ほか

1973	銭形平次	第三六六話「罠にはまった道行」（一九七三年）	フジテレビ／東宝	山本英明	長谷川安人
		第四一二話「お父っあんの十手」（一九七四年）		小谷正治	長谷川安人
		第四五四話「地獄河岸」（一九七五年）		水島善弥、片岡昭義	佐々木康
	剣客商売	第二〇話「男まさり」（一九七三年）	フジテレビ／東宝／俳優座	小川英	小俣堯
	肝っ玉捕物帖		フジテレビ	大西信行ほか	富永卓二
	見知らぬ橋		NET	田向正健	田中利一
	顔で笑って		TBS／大映テレビ	下飯坂菊馬ほか	瀬川昌治ほか
	荒野の用心棒	第三九話「荒野の果てに陽はまた昇り…」（一九七三年）	NET／三船プロ	安藤日出男	土居通芳
1974	水滸伝	第二三話「策略に散る歌姫の恋」（一九七四年）	日本テレビ／国際放映	宮川一郎	西河克己
		最終話「野望、砂漠に果つ」（一九七四年）		池上金男	山崎大助
	天下のおやじ		日本テレビ	池田一朗ほか	西河克巳ほか
	みちくさ		フジテレビ	杉山義法	澤井謙爾ほか
	高校教師	第一二話「裸の愛を受け止めて」（一九七四年）	東京12チャンネル／東宝	鴨井達比古	金谷稔
	傷だらけの天使		日本テレビ／東宝	柴英三郎、市川森一ほか	深作欣二、恩地日出夫ほか
1975	おそば屋ケンちゃん		TBS／国際放映	三宅直子ほか	柴田吉太郎ほか
	ほおずきの唄		日本テレビ	安部徹郎ほか	田中知己ほか
	太陽ともぐら	第二シリーズ（一九七五年）	日本テレビ	山田洋次、高橋正圀	小林俊一
	俺たちの勲章	第八話「愛を撃つ！」（一九七五年）	日本テレビ／東宝	畑嶺明	山本迪夫
		第一五話「孤独な殺し屋」（一九七五年）		鎌田敏夫	山本迪夫
	夜明けの刑事	第四三話〜六七話（一九七五〜七六年）	TBS／大映テレビ	安本莞二ほか	増村保造ほか

	影同心II		毎日放送／東映	池上金男、岩元南ほか	松尾正武、工藤栄一ほか
1976	男たちの旅路	第一部〜第四部（一九七六〜一九七九年）	NHK	山田太一	中村克史
	ベルサイユのトラック姐ちゃん	第一話「ベルトラ姐ちゃん一番手柄」（一九七六年）	NET／東映	永井素夫、瀬川昌治	瀬川昌治
1977	バースディカード		TBS／北海道放送	市川森一	長沼修
	大都会　PART II	第五話「明日のジョー」（一九七七年）	日本テレビ／石原プロ	斎藤憐	村川透
	赤い激流		TBS／大映シリーズ	安本莞二、鴨井達比古	増村保造ほか
1978	オレの愛妻物語		日本テレビ	布勢博一、安倍徹郎、松原敏春	田中知己
	熱中時代・教師編	教師編（一九七八〜七九年）、教師編II（一九八〇〜八一年）、教師編スペシャル（一九八九、八八、八九年）	日本テレビ／ユニオン映画	布施博一ほか	田中知己ほか
1979	熱中時代・刑事編		日本テレビ／ユニオン映画	布施博一、松原敏春	田中知己ほか
	探偵物語	第五話「夜汽車で来たあいつ」（一九七九年）	日本テレビ／東映芸能ビデオ	丸山昇一	澤田幸弘
1982	あんちゃん		日本テレビ／ユニオン映画	金子成人ほか	高井牧人、吉野洋、雨宮望
1983	事件記者チャボ！		日本テレビ／ユニオン映画	布勢博一ほか	高井牧人ほか
1984	気分は名探偵		日本テレビ／ユニオン映画	宮田雪ほか	高井牧人ほか
1986	うまい話あり		NHK	山内久	深町幸男、永山あつし

1987	浅見光彦ミステリー	全八回（一九八七～九〇年）	日本テレビ／近代映画協会	岡本克己	藤井克彦、吉川一義
1988	トレード		TBS	宮川一郎	鴨下信一
	潜在光景		関西テレビ／松竹／霧企画	岩間芳樹	富本壮吉
	ビキニライン殺人事件		ANB／大映テレビ	長野洋	山口和彦
	彼らのいちばん危険な夜		フジテレビ／REVERSE	水島総	水島総
1989	ハロー！グッバイ		日本テレビ／東宝	矢島正雄ほか	中山史郎ほか
	遮断機の下りる時		関西テレビ／ユニオン映画	鹿水晶子	和泉聖治
	パパはパパでも代理パパ		TBS	水島総	中山史郎ほか
1990	愛のミチコ		日本テレビ	布勢博一	田中知己
	ザ・刑事		ANB／東宝	小川英ほか	土屋統吾郎ほか
1991	朝もやの中に街が消える		日本テレビ／近代映画協会	安倍徹郎	木下亮
	朝比奈周平ミステリー	全四回（一九九一～九二年）	日本テレビ／近代映画協会	岡本克己	出目昌伸、森崎東
	刑事貴族	刑事貴族2（一九九一～九二年）、刑事貴族3（一九九二年）	日本テレビ／東宝	峯尾基三ほか	原隆仁ほか
1992	勢揃い清水一家　次郎長売り出す		日本テレビ	小川英、胡桃哲	池広一夫
1993	地方記者・立花陽介シリーズ	全二〇回（一九九三～二〇〇三年）	日本テレビ／近代映画協会	岡本克己、坂田義和、難波江由紀子	森崎東、吉川一義

	サスペンス明日の13章	第九話「衝動殺人・赤いランドセル」（一九九三年）	関西テレビ／アスプロデュース	水島総	猪崎宣昭
	湘南女子寮物語		ANB	奥村俊雄、吉村ゆう	成田裕介ほか
1994	平成六年の大不幸		日本テレビ	前田陽一、三浦浩児	下村優
	孤独の歌声		日本テレビ	山田信夫	嶋村正敏
	探偵事務所シリーズ	全五回（一九九三～九九年）	ANB／東映	石原武龍、橋塚慎一	村川透、吉田啓一郎
1995	聖夜の逃亡者		ANB	信本敬子	吉川一義
	愛と死の決断！　ハンガリア舞曲をもう一度		ANB	柴英三郎	
1996	葬儀料理人シリーズ	第一話「死体のお値段」（一九九五年）	TBS	西岡琢也	猪崎宣昭
	時の王様		NHK	綾瀬麦彦	
	演歌・唱太郎の人情事件日誌シリーズ	全三回（一九九六～九七年）	TBS／アスプロデュース	深沢正樹、峯尾基三	成田裕介、中山史郎
1997	流れ板七人		ANB／東映	水谷龍二ほか	真船匡氏ほか
	おんせんデカ　修善寺温泉駐在日記		フジテレビ／オセロット	櫻井武晴	伊藤寿浩
1999	探偵　左文字進シリーズ	全一六回（一九九九～二〇一三年）	TBS／テレパック	峯尾基三ほか	井上昭ほか
2000	相棒	pre season ~ season20（二〇〇二～二一年）	ANB→テレビ朝日／東映	輿水泰弘ほか	和泉聖治ほか
	行きずりの街		ANB／東映	岡本克己	吉川一義
2001	占有家族		NHK	杉本明生	大森青児
2002	愛と女のミステリーシリーズ	第五六回「警察医・花井吾朗の殺人カルテ！神戸～江戸川殺人水路」（二〇〇二年）	テレビ東京・BSジャパン	安本莞二	五木田亮一

2003	しあわせギフトお届け人シリーズ	全二回（二〇〇三、〇四年）	フジテレビ／オセロット	砂本量	増田天平
2004	事件記者・三上雄太シリーズ	全三回（二〇〇四〜〇五年）	日本テレビ／松竹	峯尾基三	吉川一義、吉本潤
	神父・草場一平の推理	全二回（二〇〇四〜〇五年）	テレビ朝日／ネクストプロデュース	東多江子	猪崎宣昭
2005	パートタイム裁判官シリーズ	全二回（二〇〇五、〇七年）	TBS／オセロット	石原武龍	吉川一義
2006	法律事務所シリーズ	全三回（二〇〇六〜〇九年）	テレビ朝日／東映	吉本昌弘、橋本尚悦	和泉聖治
2007	潮風の診療所〜岬のドクター奮闘記〜		フジテレビ／東映	小木曽豊斗	吉川一義
2009	だましゑ歌麿	全四回（二〇〇九〜一四年）	テレビ朝日／松竹	古田求	吉川一義
	誰かが嘘をついている		フジテレビ	上杉隆之	宮本理江子
2010	外科医　須磨久善		テレビ朝日／松竹	矢島正雄	吉川一義
2011	居酒屋もへじ	全六回（二〇一一〜一七年）	TBS	黒土三男	清弘誠
2017	無用庵隠居修行	全五回（二〇一七〜二一年）	テレビ朝日／BS朝日／松竹	土橋章宏	吉川一義

映画

公開年	タイトル	監督	脚本	配給
1967	青春の海	西村昭五郎	三木克巳	日活
1970	バツグン女子高生　16才は感じちゃう	松森健	長野洋	東宝
	その人は女教師	出目昌伸	宮内婦貴子	東宝
	バツグン女子高校生　そっとしといて16才	松森健	長野洋	東宝
	新・高校生ブルース	帯盛迪彦	今子正義	ダイニチ映配
1973	ひとつぶの涙	市村泰一	石森史郎	松竹
1974	鬼輪番	坪島孝	小川英、石川孝人	東宝
1975	想い出のかたすみに	宮崎晃	宮崎晃	松竹
	東京湾炎上	石田勝心	大野靖子、舛田利雄	東宝
1976	青春の殺人者	長谷川和彦	田村孟	ATG
1979	太陽を盗んだ男	長谷川和彦	長谷川和彦、レナード・シュレイダー	東宝
1981	幸福	市川崑	日高真也、大藪郁子、市川崑	東宝
1983	逃がれの街	工藤栄一	工藤栄一、古田求	東宝
1998	蘇る優作　探偵物語特別編　夜汽車で来たあいつ	村川透、澤田幸弘	丸山昇一	東映
2008	相棒 劇場版：絶体絶命！42.195km 東京ビッグシティマラソン	和泉聖治	戸田山雅司	東映
2009	相棒シリーズ 鑑識・米沢守の事件簿	長谷部安春	飯田武	東映
2010	矢島美容室 THE MOVIE ～夢をつかまネバダ～	中島信也	遠藤察男	松竹
	相棒 劇場版II：警視庁占拠！特命係の一番長い夜	和泉聖治	輿水泰弘、戸田山雅司	東映
2012	HOME 愛しの座敷わらし	和泉聖治	金子成人	東映
2013	相棒シリーズ X DAY	橋本一	櫻井武晴	東映
	少年H	降旗康男	古沢良太	東宝

2014	相棒 劇場版Ⅲ：巨大密室！特命係 絶海の孤島へ	和泉聖治	輿水泰弘	東映
2015	王妃の館	橋本一	谷口純一郎、国井桂	東映
2017	相棒 劇場版Ⅳ：首都クライシス 人質は50万人！ 特命係 最後の決断	橋本一	太田愛	東映
	TAP THE LAST SHOW	水谷豊（兼主演）	両沢和幸	東映
2019	轢き逃げ 最高の最悪な日	水谷豊	水谷豊	東映

［著者］太田省一（おおた・しょういち）

1960年生まれ。社会学者・文筆家。東京大学大学院社会学研究科博士課程単位取得満期退学。テレビと戦後日本社会の関係が研究および著述のメインテーマ。著書に『紅白歌合戦と日本人』（筑摩書房）、『すべてはタモリ、たけし、さんまから始まった』（ちくま新書）、『中居正広という生き方』『木村拓哉という生き方』『ニッポン男性アイドル史』（青弓社）、『平成アイドル水滸伝』（双葉社）、『芸人最強社会ニッポン』（朝日新書）、『テレビ社会ニッポン』（せりか書房）、『平成テレビジョン・スタディーズ』（青土社）、『攻めてるテレ東、愛されるテレ東』（東京大学出版会）ほか多数。

水谷豊論

テレビドラマ史の相棒

2021年10月 5 日　第1刷印刷
2021年10月30日　第1刷発行

著者——太田省一

発行者——清水一人
発行所——青土社

〒101-0051　東京都千代田区神田神保町1-29　市瀬ビル
［電話］03-3291-9831（編集）　03-3294-7829（営業）
［振替］00190-7-192955

組版——フレックスアート
印刷・製本——双文社印刷

装幀・装画——重実生哉

ISBN978-4-7917-7423-4　C0074